인생은 '공수래공수거'가 아니다

카르마 법칙이 파헤친 일상적 표현의 허구성

인생은
'공수래공수거'가 아니다

카르마 법칙이 파헤친 일상적 표현의 허구성

최준식 지음

 주류성

목차

본론

저자 서문

이 책에 나온 이야기는 필자가 한국의 대표 불교 방송인 BTN(Buddhist True Network)에서 2023년경 강의했던 것이다. 이 강의 영상은 지금 유튜브로 재연되고 있으니 관심 있는 독자들은 언제든지 이 강의를 접할 수 있다. 강의 내용은 한국인들이 일상적으로 쓰는 표현 가운데 카르마와 관계될 것 같은 것들을 뽑아 과연 그 표현이 적확한가를 따져본 것이다. 예를 들어보면 이런 것이다. 젊은 세대 가운데 부모에게 이런 말을 하는 사람이 있다. '누가 낳아달라고 했어요? 내 허락도 안 받고 나를 낳은 거 아니에요? 그리고 낳았으면 책임 지시던가'라고 말이다.

이것은 매우 되바라진 언사인데 이 말을 들은 부모들은 기분이 언짢을 테지만 딱히 되받아칠 논거가 없다. 논리적으로는 이 말이 맞는 것처럼 보이기 때문이다. 그렇지 않겠는가? 남녀가 결혼해서 살다가 어쩌다 보니까 임신을 했고 그 끝에 아이가 나온 것이니 이런 과정에서 아이에게 태어나겠냐고 물어볼 수는 없는 것 아닌가? 아니, 아이가 아직 태어나지도 않았는데 어떻게 물어볼 수 있겠는가?

이 입장에서 보면 사람이 어떤 사람을 만나 결혼하고 아이를 낳는 일이 모두 우연으로만 보일 것이다.

이 젊은 사람이 한 이야기는 이번 생, 즉 현생만 놓고 보면 그럴 듯하게 들린다. 그러나 다른 시각으로 보면 이야기가 달라진다. 특히 불교의 시각에서 보면 다른 이야기가 나온다. 즉, 불교에서 주장하는 것처럼 전생을 인정하고 수많은 전생과 현생 사이에 카르마 법칙이라는 확고한 원리가 작동하고 있다는 것을 받아들인다면 이 젊은이가 말한 것은 매우 잘못됐다는 것을 알 수 있다. 그 주장을 뒤엎을 만한 단서가 있다. 이에 대한 설명은 본문에서 한 장을 할애하여 자세하게 다루고 있으니 그때 보기로 하고 여기서는 그치는 게 낫겠다.

이처럼 우리가 별 생각 없이 하는 표현 가운데에는 카르마 법칙의 입장에서 보면 잘못된 것들이 꽤 있다. 내가 이런 구상을 한 것은 다음과 같은 과정을 거친 것이다. 나는 이 주제, 즉 카르마 법칙에 관해서 이미 두 권의 책을 출간했다. 첫 번째 책이 『너무 늦기 전에 들어야 할 카르마 강의』(2021, 김영사)이고 두 번째 책이 『Karma Law』(2023, 주류성)이다. 이 두 책의 관계는 이러하다.

원래 먼저 만들어진 원고는 두 번째 책의 원고였다. 이 책도 내가 먼저 쓰려고 했던 게 아니라 출판사 측에서 이 주제로 원고를 하나 써달라고 부탁해왔다. 나는 그 요구에 응해 원고를 써서 주니 출판사 쪽에서는 좀 더 대중적인 내용을 원했다. 항상 책 판매에 신경을 쓰는 출판사로서는 능히 할 수 있는 말이었다. 그래서 나는 원래 원고에서 전문적으로 보이는 것을 빼서 다시 집필했고 출판사는 그 원고로 책을 출간했다. 그런데 그렇게 책을 펴내고 나니까 내 딴에는 좋은 정보라고 생각한 것들이 너무 많이 빠진 것 같아 서운한 마음이 들었다. 시간이 갈수록 나는 독자들에게 더 고급 정보를 주고 싶어 원래 원고로 책을 다시 내고 싶은 마음이 커졌다. 다행히 주류성 출판사가 내 바람에 응해 고맙게도 두 번째 책을 내주었다.

그런데 솔직히 말해 당시에 나는 이 카르마 법칙을 대중들에게 소개하면 큰 반향이 있을 줄 알았다. 이 법칙은 우리의 인생을 설명해주는, 대단히 좋은 법칙이기 때문이다. 살면서 자신에게 생기는 모든 일이 다른 사람의 소행이 아니라 내가 이전에 했던 일의 결과라고 하는 카르마 법칙의 가르침은 상당히 매력적인 내용이라고 믿어 의심치 않았다. 예를 들어 보자. 내가 아무 잘못도 없는데 억울하게 남에게 돈을 뜯기는 등의 해를 입었다면 사람들은 '나한테 왜 이런 일이 생기는가' 하면서 분통을 터트린다. 그러면서 생돈 뜯긴 것을 흡사 자기 살점이 떨어져 나간 것처럼 괴로워한다. 그래서 일상생활도 못 하고 급기야는 건강도 해쳐 사람이 회복하지 못할 정도로 망가진다. 그러나 카르마 법칙을 아는 사람은 다르게 행동한다. '이런 일은 내가 이전 생 어느 때인가 이 사람의 돈을 갈취한 적이 있어 생긴 것'이라고 여길 테니 말이다. 그렇게 하면 그는 화도 안 내고 상대방도 원망하지 않으면서 좋은 해결책을 강구할 수 있게 된다. 이처럼 우리가 카르마 법칙을 잘 알면 무지의 질곡에서 벗어나 긍정적인 삶을 살 수 있게 된다.

나는 이렇게 상상하며 사람들이 이 책들을 읽으면 행복해 질 것이라고 생각했다. 인생의 절대 법칙이라 할 수 있는 카르마 법칙을 알았으니 말이다. 그런데 그게 아니었다. 여기에는 내가 크게 간과한 것이 있었다. 일반 독자들에게 카르마라는 용어가 생소하다는 것을 알아채지 못한 것이다. 필자처럼 종교, 특히 불교 같은 동양 종교를 전공한 사람에게는 이 카르마라는 용어가 매우 친숙한 개념이지만 종교에 그다지 관심 없는 일상의 사람들에게는 이 용어가 전혀 익숙하지 않았다. 카르마라는 말 자체부터 그다지 친숙하게 들리지 않은 것이다. 그때 나는 내가 또 '전공의 함정'에 빠졌다는 것을 인정할 수밖에 없었다. 자신의 전공에 빠져 다른 사람들도 그 전공에서 주장하는 내용을 잘 알 것이라고 생각했다는 것이다.

그렇게 생각한 끝에, 나는 '그러면 다시 어떤 식으로 이 법칙을 설명하면 좋을까?'라는 고민에 빠졌다. 그러다 이전에 '공수래공수거' 같은 표현에 대해 설명했던 것이 생각났다. 나는 틈만 나면 '이 문구는 겉보기에는 대단히 멋있는 것 같지만 카르마 법칙의 입장에서 보면 아주 잘못된 것'이라고 설명하곤 했다. 자세한 것은 본문을 참고하면 되니 여기서는 더 이상 설명하지 않겠지만 이 주장은 물질적인 차원에서만 맞는 것이지 정신의 차원이 들어가면 그야말로 공염불과 같은 가르침이다. 나는 그때 이런 문구들을 더 찾아내서 그것을 카르마 법칙의 입장에서 조명하면 재미있겠다는 생각을 했다. 또 그렇게 하면 이 법칙이 생소한 사람들도 쉽게 이해할 수 있겠다는 생각이 들었다. 그런 생각으로 카르마 법칙과 관계되는 일상 문구를 찾아보니 생각보다 많이 있었다. 그리고 그 문구들의 내용이 카르마 법칙에 반하는 것도 알 수 있었다.

이 책은 '공수래공수거'라는 문구의 설명부터 시작하는데 그다음 문구들도 우리에게 매우 친숙한 것이다. 예를 들어 '전생에 무슨 죄를 지었기에', '한 번 사는 인생인데.. 인생 뭐 있어?', '옷깃만 스쳐도 인연', '꽃길만 걸으세요'와 같은 것인데 우리들 가운데 이런 말을 한 번도 안 해본 사람은 없을 것이다. 그만큼 친숙한 문구들인데 이 표현들이 사실은 우리 삶의 실상을 제대로 보여주고 있지 않다는 것이 카르마 법칙의 입장이다. 이 표현들이 왜 잘못됐는지를 알게 된다면 아마 여러분들의 삶에도 변화가 있을 것이다. 그리고 삶을 바라보는 시각이 더 심화되는 것을 느낄 것이다.

그런 바람을 갖고 서문을 마치려는데 이 책을 읽을 때 이 내용을 강의한 영상을 참고하는 것도 좋겠다는 생각이 든다. 내가 이 주제로 BTN에서 강의할 때는 책에는 쓰지 않은 재미있는 이야기도 적지 않게 했기 때문이다. 그런 이야기도 독자들이 이 주제를 이해하는 데에 도움을 줄 것이다. 아울러 이 책을 읽고 카르마 법칙에 더 깊게 알고 싶은 게 있다면 앞에서 인용한 두 권의 책을 참고하면 되겠다. 이런 작업을 통해 부디 여러분들의 삶 속에서 조금이나마 지혜의 싹이 생겨났으면 하는 바람을 가져본다.

서문을 마치기 전에 반드시 감사의 말씀을 전해야 할 분들이 있다. 첫 번째로 감사를 드릴 분은 물론 주류성 출판사의 최병식 회장이다. 2023년에 출간한 『Karma Law』에 이어 같은 주제의 책을 연달아 출간해주니 그 고마움을 어찌 표현할지 모르겠다. 그 고마움을 이 책의 주제와 연관해 말한다면 '이렇게 법보시의 통로를 제공한 최병식 회장은 다음 생에 이에 상응하는 좋은 과보를 받을 것'이라고 할 수 있겠다. 이런 책을 출판해봐야 본전도 건지기 힘든 현금의 세태에도 불구하고 사람들의 영성을 높이기 위해 책을 출간해주니 그런 분에게는 복이 안 갈래야 안 갈 수 없을 것이다. 그다음 고마운 분은 BTN 관계자 여러분이다. 내가 카르마 법칙이나 그와 관계된 주제를 가지고 BTN에서 근 2년 정도를 강의했으니 고마워하지 않을 수 없다. 내가 평소에 하고 싶었던 카르마나 종교, 그리고 불교에 대한 이야기를 마음대로 할 수 있었고 그것을 모두 영상에 담아 방송과 유튜브를 통해 대중들에게 전달해주니 그 고마움을 잊을 수 없는 것이다. 사실 나는 이 방송국에서 강의를 시작하기 전에 꿈에 산처럼 큰 불상이 나오는 예지몽 같은 것을 꾸었는데 이 방송국과 이렇게 인연이 길어질지 몰랐다. 이 모든 것은 종교적 진리를 많은 사람과 나누라는 하늘의 뜻으로 알면 될 일이다. 끝으로 내가 노상 강조하는 것이지만 우리 모두 어서 카르마 법칙 같은 우주의 대원리를 깨쳐 이 지구 학교를 빨리 졸업하기로 하자.

2024년 봄
저자 삼가 씀

인생은
'공수래공수거'가 아니다

서론

장을 열며

"인생은 나그네 길 어디서 왔다가 어디로 가는가....
인생은 벌거숭이 빈손으로 왔다가 빈 손으로 가는가"

이 노래 가사는 지금은 고인이 된 원로 가수 최희준(1936~2018)씨가 1964년에 발표해 공전(空前)의 히트를 거둔 "하숙생"이라는 노래에 나온 것입니다. 이 노래는 60년 전 노래라서 젊은 분들에게는 생소할 겁니다. 그런데 찾아보니 1991년에는 '어린 왕자'라는 별명을 갖고 있는 이승환이라는 젊은(?) 가수가 곡의 분위기를 바꿔 이노래를 다시 불렀더군요. 이 책에서 이 노래를 제일 먼저 내세운 것은 가수를 보자는 것이 아니라 가사를 음미하기 위해서입니다. 특히 가사를 카르마 법칙의 관점에서 생각해보자는 것입니다. 그러면 재미있는 점들이 많이 발견되기 때문입니다. 이에 대해서는 뒤의 본문에서 상세하게 다룰 예정입니다.

제가 보기에 이 가사는 보통의 우리들이 삶에 대해 갖고 있는 생각을 잘 대변하고 있는 것 같습니다. 그래서 이렇게 서두에 놓고 생각해보자는 것입니다. 앞부분 가사부터가 그렇습니다. 우리가 어렸을 때는 자신에 대해 별생각을 하지 않습니다. 그러다 사춘기가 되면 자신에 대해 새롭게 각성하기 시작합니다. 그 과정은 대략 이렇게 진행되지 않나 싶습니다. 사춘기 전후로 어느 날 정신 차리고 주위를 둘러보니 나라는 존재가 이 세상에 존재하고 있는 것을 발견하게 됩니다. 그리곤 이 나라는 존재는 원래 없던 것이었는데 어디서 온 것일까 하는 의문을 갖게 됩니다. 질문은 계속됩니다.

나를 살펴보니 나는 남들과 다른 일정한 성격과 소질을 갖고 있는데 이것이 어디서 왔는지 궁금합니다. 이에 대해 보통 학교에서는 부모의 정자와 난자가 만나 내가 생겼다고 가르치는데 이 주장은 선뜻 받아들이기가 쉽지 않습니다. 또 우리가 서로 다른 것은 유전 인자가 다르기 때문이라고 가르칩니다. 우리들은 모두 다른 외모를 갖고 있고 성격도 다르며 재주도 다르지 않습니까? 이렇게 다른 것은 유전 인자가 사람마다 다르기 때문이라고 설명하는 경우가 많습니다. 그러나 이 설명도 마뜩잖기는 마찬가지입니다. 그런데 모든 것을 이렇게 물질만 가지고 설명하려고 하면 곧 막다른 골목에 다다르게 됩니다. 특히 정신 작용을 설명할 수 없기 때문입니다.

그런데 이 같은 일상적인 설명으로는 우리 인간이 어디서 어떻게 왔는지 알 수 없습니다. 자세한 설명은 본론으로 미루어야겠는데 문제는 더 있습니다. 이것은 죽음과 관계된 것입니다. 사람들은 모두 죽습니다. 그런데 보통 사람인 우리들은 죽은 다음에 어떤 일이 벌어지는지 잘 모릅니다. 죽으면 나는 더 이상 존재하지 않는 건지, 아니면 영혼의 형태로 살아남는지 등등에 대해 잘 알지 못합니다. 그래서 이 노래처럼 '어디로 가는가'라고 묻는 것입니다. 그다음 가사도 재미있습니다. 우리는 벌거숭이처럼 아무것도 갖지 않고 왔다가 죽을 때에도 아무것도 챙기지 못하고 그냥 빈손으로 가야 한다니 말입니다. 그래서 이 노래의 제목을 하숙생이라고 한 모양입니다.

하숙생의 삶이 그렇지 않습니까? 하숙집이란 영원히(?) 사는 자기 집이 아니라 잠시 기거하는 곳이지 않습니까? 그러니까 우리 삶도 이렇게 태어나서, 그것도 아무것도 갖지 않고 와서 잠시 이 땅에 기숙하다가 또 아무것도 챙기지 못하고 어디론지 모르는 곳으로 떠난다는 것입니다. 이것이 이 노래가 전하는 메시지 같습니다.

이런 이야기들은 우리가 일상에서 많이 접하는 표현인데 언뜻 보면 그럴듯하지요? 대부분의 우리들은 어디서 어떻게 와서 어디로 어떻게 가는지 모르는 상태로 살다가 임종을 맞이하기 때문입니다. 그래서 2020년에 한국 사회를 강타한 나훈아 씨의 노래인 "테스형!"에서도 그 궁금증이 표현되고 있습니다. 이 노래의 후반부를 보면 '먼저 가 본 저세상, 어떤 가요 테스형, 가보니까 천국은 있던 가요, 테스형'이라는 가사가 나옵니다. 이것은 사후생에 대한 질문인데 여기서도 그저 묻기만 합니다. 잘 몰라서 그런 것일 겁니다.

그런데 여기서 우리가 주목해야 할 것이 있습니다. 사람들은 아예 처음부터 이런 질문들은 답이 없다고 생각하고 이렇게 멋진 대사로 노래만 하고 넘어갑니다. 제가 보기에 이런 질문들은 사람들이 결코 알 수 없는 성역의 문제라고 생각하는 것 같습니다. 다시 말해 인간의 능력으로는 알 수 없는 신비스러운 문제처럼 생각한다는 것이지요. 그러나 이것은 소견(小見), 즉 '짧은' 견해에 불과합니다. 인류가 최근에 이룩한 학문적 성과를 알지 못하기 때문에 생긴 일입니다. 앞에서 말한 질문, 즉 인간이 어디서 와서 어디로 가고 죽은 뒤의 세상은 어떤지 등에 대해서는 벌써 수많은 연구가 집적되어 있습니다. 만일 이 질문을 하는 사람이 이러한 연구 성과를 조금이라도 안다면 이 같은 질문을 하지 않을 것입니다.

이 이외에도 비슷한 주제에 대해 묻는 일상적인 표현이나 질문이 많이 있습니다. 그런데 제가 보기에 그 표현이나 질문들은 잘못됐거나 부족한 점을 많이 갖고 있습니다. 뒤에서 다룹니다만, 예를 들어 사람들은 '한 번밖에 없는 인생, 그저 실컷 즐기다 가면 된다'와 같은 말을 많이 합니다. 그리고 많은 사람이 이 말에 동의합니다. 그런데 그동안의 연구 성과에 비추어보면 이것은 사실이 아닙니다. 우리의 인생은 결코 한 번만 있는 것이 아니기 때문입니다. 이런 식으로 일상적인 표현에는 의외로 잘못된 것이 많이 있습니다. 그래서 이 책에서는 그런 예들을 하나씩 들어 설명해보려 합니다. 만일 이 일이 성공하면 독자 여러분들은 삶과 죽음에 대해 새로운 시각을 갖게 될 것입니다.

이 책은 바로 이 같은 일상적인 표현이나 질문에 나타난 오류 혹은 오해들을 수정하고 보완하기 위해 쓰였다고 했습니다. 그런데 이런 일을 하려고 할 때 꼭 알아야 할 중요한 원리가 있습니다. '카르마' 법칙이 그것입니다. 제가 보기에 카르마 법칙은 이 세상에 있는 어떤 법칙보다도 우리의 인생을 잘 설명해주는 이론입니다. 카르마 법칙에 대해서는 바로 뒤에서 자세하게 설명합니다마는 이 법칙을 가장 간단하게 설명하면 사람은 무슨 일을 하고 무슨 생각을 하든

간에 뿌린 대로 거둔다는 것입니다. 즉 '콩 심은 데 콩 나고, 팥 심은데 팥 난다'라는 것입니다. 내가 좋은 일을 했으면 좋은 과보를 받고 나쁜 일을 했으면 나쁜 과보를 받는 것이 그것입니다.

그런데 카르마 법칙은 지금 살고 있는 현생만 인정하는 것이 아니라 이전 생과 다음 생을 모두 인정합니다. 이것을 삼생(三生)이라고 하지요. 그래서 카르마 법칙에 따르면 사람은 죽었다 태어났다 하는 과정을 반복하면서 끊임없이 환생합니다. 이 전체 과정에서 우리의 의식을 통제하는 게 바로 카르마 법칙입니다. 이것은 카르마 법칙을 아주 간단하게 본 것인데 이 입장에서 보면 우리가 평상시에 갖고 있었던 세계관이 얼마나 제한적인가를 알 수 있을 것입니다.

그러면 우리의 주제를 본격적으로 파기 전에 먼저 카르마 법칙에 대해 살펴보기로 합니다. 이 책에서는 카르마 법칙을 근거로 삼아 그것을 통해 우리가 일상적으로 해왔던 표현을 분석할 것이기 때문입니다. 카르마 법칙의 시각에서 우리의 삶과 죽음, 그리고 의식과 영혼에 대해 바라보겠다는 것이지요. 카르마 법칙이 일종의 수단이 되는 셈입니다. 이렇게 해서 카르마 법칙에 대해 기본적인 정보를 갖게 되면 우리는 삶과 죽음에 대해서 이전과는 아주 다른 태도를 갖게 될 것입니다. 아마도 훨씬 더 포괄적이고 윤리적인 태도를 갖게 될 것 같습니다. 그럼 지금부터 카르마 법칙을 향해 떠나볼까요?

카르마 법칙이란 무엇인가?

　　카르마 법칙은 한마디로 (삼생을 관통하는) '도덕적 인과율'이라고 할 수 있습니다. 우선 인과율이라 했으니 이 법칙은 '모든 것에는 원인이 있다'라는 매우 상식적인 원칙에 기반을 두고 있습니다. 그러니까 지금 내가 하는 모든 것, 이것을 조금 세분화해서 말하면 지금 내가 하는 행동이나 말, 그리고 생각은 이전에 한 것이 원인이 되어 생겨난 것, 즉 과보라는 것입니다. 그 이전이 언제인지는 확실하게 모르지만 모든 것에는 원인이 있기 때문에 카르마 법칙은 세상사에는 우연이란 없다는 입장을 취하고 있습니다.

　　그런데 카르마 법칙은 그저 인과율에 그치지 않고 도덕적인 인과율이라고 했습니다. 이것은 카르마 법칙이 인간을 도덕적인 존재로 만들기 위해 '컨트롤'하고 있다는 것을 뜻합니다. 쉽게 말해 카르마 법칙은 인간을 '착한' 존재로 만들기 위해 작동한다는 것이지요. 이때 말하는 '착한'이란 그저 마음이 곱다는 것을 뜻하는 것이 아니라 '도덕적으로 완성된' 것과 같은 의미를 갖고 있습니다. 이 점은 본문에서 더 상세히 설명할 예정입니다. 이런 시각에서 카르마 법칙을 조망하면, 사람이 착한 일을 하면 카르마 법칙은 그에 대해 보상을 제시함으로써 그가 더 착한 일을 하게 북돋우고 반대로 악한 일을 하면 응징을 가해 고통을 줌으로써 다시는 그런 일을 하지 못하게 하는 법칙이라고 할 수 있습니다. 그렇게 함으로써 종교적 진리에 눈을 떠 진정한 인간이 되게 만드는 것입니다.

인류가 이 카르마 법칙을 처음으로 알게 된 것은 인도인 덕분입니다. 인도는 세계 종교인 불교와 힌두교가 태동한 대단히 종교적인 땅입니다. 그곳에서 3천여 년 전에 최고의 스승들이 발견한 법칙이 바로 이 카르마 법칙입니다. 그러나 정확하게 꼬집어서 누가 이 카르마 법칙을 발견했는지는 잘 모릅니다. 한 사람이 발견했다기보다는 당시의 집단적 지성이 알아낸 것 아닌가 하는 생각입니다. 이 심오한 개념은 우파니샤드를 거쳐 불교와 자이나교로 들어와서 주요 교리가 됩니다. 물론 힌두교에서도 사정은 마찬가지였지요.

카르마 법칙에 따르면 인간은 한 생만 사는 것이 아니라 거듭해서 환생하면서 삽니다. 이것을 윤회(reincarnation)라고 부르기도 하지요. 인간이 이렇게 생을 거듭하면서 살 때 삶의 모든 것을 디자인하는 것이 바로 카르마 법칙이라고 했습니다. 더 구체적으로 말하면 카르마 법칙은 한 사람을 도덕적으로, 그리고 종교적으로 완성된 인간을 만들기 위해 각 생을 적절하게 설계한다고 할 수 있습니다. 뒤에 다시 본격적으로 거론하겠지만 우리가 각 생을 살면서 어떤 인간관계를 갖고 어떤 사건을 겪을지는 모두 카르마 법칙에 의해 통제됩니다. 우리가 살면서 겪는 사건들이 우연히 발생하는 것 같지만 사실은 카르마 법칙이 사전에 조율한 것입니다. 이번 생에 내가 겪는 일은 내가 태어나기 전에 카르마 법칙에 따라 계획된 것이라는 것이지요. 이런 의미에서 카르마 법칙은 우리의 삶을 이해하려 할 때 가장 중요한 개념이 됩니다. 앞으로 전개되는 설명을 잘 따라오면 여러분들도 자연스럽게 이 점을 이해할 수 있을 겁니다.

그런데 재미있는 것은 이 법칙이 인도 이외의 다른 지역에서는 발견되지 않았다는 점입니다. 인류의 대표적인 종교 전통이 태동한 이스라엘 지역이나 아랍 지역, 혹은 이집트 등지에는 이 카르마 개념에 대한 언급이 잘 발견되지 않습니다. 카르마 법칙과 비슷한 개념이 있기는 한데 인도 종교가 말하는 카르마 법칙과 비교해볼 때 그 교리가 정교하지 못합니다. 왜 이런 차이가 생기는 것일까요?

여기에는 나름의 이유가 있습니다. 가장 큰 이유는, 이 카르마 법칙은 우리가 평소에 지니고 사는 일상 의식으로는 알 수 없는 오묘한 법칙이기 때문입니다. 우리의 일상 의식으로는 이번 생에 일어나는 일들의 인과관계만 알 수 있을 뿐입니다. 그러나 카르마 법칙은 언제인지 모르는 전생부터 지금까지 일어났던 모든 일을 관장합니다. 이 수많은 사건의 인과관계를 알려면 특수한 능력이 있지 않으면 안 됩니다. 이 특수한 능력은 명상 수행을 오랫동안 한 사람들만이 얻을 수 있습니다. 어마어마한 심력(心力)으로 의식을 강하게 집중해서 깊은 무의식까지 들어갈 수 있는 사람만이 이 카르마 법칙이 운용되는 모습을 볼 수 있습니다.

이 같은 능력이 가장 고양된 형태를 불교에서는 숙명통(宿命通)이라고 하지요. 숙명통은 초능력 가운데 하나인데 이 능력을 갖추면 사람들의 전생을 알 수 있다고 합니다. 어떻게 이런 일이 가능한 것일까요? 숙명통과 같은 신통력을 지닌 영능력자가 전생을 알고 싶은 사람에 대해 강하게 집중하면 그 사람의 전생을 알 수 있게 된다고 합니다. 이렇게 전생을 알면 각 생에서 일어난 사건들의 인과관계를 알 수 있게 됩니다. 그런데 이 같은 초능력은 엄청난 수련의 결과로만 얻을 수 있습니다. 붓다가 이 능력을 포함한 여섯 가지 초능력을 얻은 것이 깨닫기 하루 전의 일이었다고 전해지는데 이것이 사실이라면 이 같은 능력은 그만큼 얻기 힘든 것이라고 할 수 있습니다.

그런데 지금까지 인류 역사에 나타난 종교 전통 가운데 인간의 내면을 탐구하면서 다양한 명상 전통을 발전시킨 종교는 인도 종교밖에 없습니다. 유신론적 종교들이 외부에 있다고 하는 신을 추구하고 있을 때 인도 종교들은 인간의 의식을 심층까지 파서 의식의 모든 것을 밝혀냈습니다. 그 과정에서 인도의 스승들은 인간은 계속해서 환생한다는 사실과 카르마 법칙이 한 치의 오차도 없이 작동하고 있다는 사실을 알아냈습니다. 카르마 법칙은 대단히 복잡하게 운용되지만 그 기본 원리는 아주 간단하다고 했습니다. 그런데 카르마 법칙을 받아들이려면 몇 가지 사항이 전제되어야 합니다. 이 전제를 수용해야 카르마 법칙이 작용하는 것을 인정할 수 있습니다. 다음 장에서는 바로 이 전제 사항에 대해 보기로 합니다.

카르마 법칙이 성립하려면
전제되어야 할 것들에 대해

앞에서 우리는 인도의 영적인 스승들이 깊은 의식 상태에서 카르마 법칙을 발견했다는 것을 알았습니다. 그런데 이 법칙이 성립하려면 반드시 전제되어야 할 것이 있습니다. 전제되어야 한다고 했지만 이것 역시 스승들이 발견한 것이라 전제하고 말 것도 없습니다. 이 내용들은 사실, 요즘 말로 하면 팩트(fact)인데 왜 전제해야 한답니까? 우리는 이 영적 스승들이 갖고 있는 능력이 없기 때문에 이 법칙을 그냥 받아들일 수가 없습니다. 따라서 우리는 카르마 법칙을 이해하기 위해서 이 전제 사안들을 살펴보고 그것을 사실로 인정해야 합니다. 그렇지 않으면 카르마 법칙은 이해할 수 없습니다. 예를 들어 이 전제 사안 중의 하나인 '인간은 영혼을 갖고 있다'라는 명제를 인정하지 않으면 카르마 법칙을 이해하는 일을 포기해야 합니다. 이런 사정을 감안하고 지금부터 전제 사항에 대해서 살펴보기로 하지요.

1. 인간은 영혼을 갖고 있고
그 영혼은 '영원'히 존재한다.

첫 번째 전제는 아주 단순합니다. 인간은 영혼을 가진 존재라는 것이 그것입니다. 이보다 아예 '인간은 영혼이다'라고 하는 것이 더 정확할지도 모릅니다. 인간의 육신은 한시적인 것이지만 영혼은 '영원'하기 때문입니다. 죽음을 맞이했을 때 우리의 육신은 사라지지만 영혼은 그대로 남습니다. 그래서 '영원'하다고 한 것입니다. 그런데 여기서 영원이라는 단어에 ''와 같은 따옴표를 붙인 것은 우리가 깨달았을 때는 그 영원의 의미가 달라질 수 있기 때문입니다. 이 문제는 상당히 복잡한 사안이라 더 이상 파지 않고 예서 그치는 게 낫겠습니다. 이에 대해서 너무나 많은 설명이 필요하기 때문입니다. 이 주제에 대해서는 졸저인 『Meta Religion』(2023, 주류성)에 상세하게 설명해 놓았으니 관심 있는 분들은 이 책을 참고하시기 바랍니다.

그런데 만일 인간은 영혼을 가진 존재라는 명제를 받아들이지 못하는 사람이 있다면 그런 사람은 이 책을 덮어야 할 겁니다. 이 책의 내용을 더 이상 따라갈 수 없기 때문입니다. 영혼 같은 영적인 이야기들은 다 때가 되어야 이해할 수 있는 것입니다. 따라서 지금 이해하지 못한다고 상심할 필요는 전혀 없습니다. 알아들을 수 있는 그때를 기다리며 느긋하게 있으면 됩니다.

다시 우리의 주제로 돌아가서, 이 대목에서 확실히 해야 할 것이 있습니다. 영혼의 존재를 인정하는 사람들도 자칫 오해하는 것이 있기 때문입니다. 사람들은 보통 육신이 먼저 있고 여기에 영혼이 깃

든다고 생각하는 것 같습니다. 그러니까 우리에게 영혼이 있는 것은 육신이 있기 때문이라고 생각한다는 것입니다. 그래서 육신이 없어지면 영혼도 같이 소멸된다고 생각하는데 모르긴 몰라도 이런 생각은 이 사회에 상당히 팽배하여 있는 것 같습니다. 그래서 '인생 뭐 있어? 죽으면 다 끝인데.. 그냥 놀다가 가자고'라는 말이 나오는 것입니다. 이 생각이 얼마나 잘못되었나 하는 것은 뒤에서 본론에서 한 장을 할애해 설명할 예정입니다. 그런데 육신이 소멸하면 영혼도 같이 없어진다고 생각하는 것은 반대로 생각하는 것입니다. 굳이 시간적인 순서를 따진다면 영혼이 먼저 있었고 그 영혼에 있는 정보에 따라 육신이 형성된 것입니다. 그리고 육신이 멸한다고 해서 영혼이 없어지는 것은 아닙니다.

이런 상황을 가장 잘 설명한 사람이 미국의 빌 구겐하임(Bill Guggenheim)이라는 사람인데 저는 『사자와의 통신』이라는 책에서 그의 주장을 세세하게 소개한 적이 있습니다. 씨에 따르면 '인간은 영혼을 갖고 있는 육신이 아니라 육신을 갖고 있는 영혼'입니다. 그래서 육신이 없어지더라도 영혼은 남습니다. 그런 의미에서 볼 때 죽음이라는 사건은 수명을 다한 육신이 폐기되고 원래의 영혼으로 남는 사건이라고 할 수 있습니다. 그리고 그 영혼은 원래 있던 곳으로 돌아가고 그곳에서 다음에 있을 환생 기회를 기다리게 됩니다. 물론 이것은 환생을 반드시 해야만 하는 사람에게만 해당됩니다. 높은 영성을 가지 사람들은 환생하지 않으니 이런 사람들에게는 적용되지 않겠지요. 어떻든 우리가 정확히 말할 수 있는 것은 인간의 영혼은 불멸의 존재이고 육신은 잠시 생겼다 없어지는 제한적인 존재라는 것입니다.

　제가 이런 주장을 하면 꼭 나오는 질문이 있습니다. '영혼이 존재한다는 과학적인 증거가 있느냐'라는 질문이 그것입니다. 이것은 현대 교육을 받은 사람이 충분히 할 수 있는 질문이라고 생각합니다. 현대 교육에서는 과학적인 사고방식을 중시하기 때문에 그런 교육을 받은 현대인들은 이런 질문을 하는 경우가 많습니다. 그런데 저에게는 이 질문이 다소 무책임하게 들립니다. 왜냐고요? 저는 그런 질문을 하는 사람들에게 곧 되묻습니다. 이런 주제를 학술적으로 다룬 책을 읽어본 적이 있느냐고요. 그러면 대부분의 사람들은 그런 책을 본 적이 없다고 답합니다. 그런 이들에게 저는 다시 이렇게 말합니다. 그동안 학계나 일반 연구 단체에서는 영혼의 실재를 증명(?)하는 시도를 부단히 해왔고 그 결과 엄청나게 많은 자료가 축적되어 있다고 말입니다. 그런 연구들을 접해보면 영혼이 존재한다고 볼 수밖에 없는 증거가 넘칩니다. 영혼이 존재한다고 상정하지 않으면 도저히 설명이 안 되는 경우가 너무도 많기 때문입니다. 따라서 '영혼이 존재한다는 것을 알려주는 과학적 근거가 있느냐'라고 묻기 전에 이 주제를 다룬 책이나 글을 조금이라도 보는 것이 올바른 태도입니다. 그런 자료들이 주위에 흘러넘치는데 그것들을 하나도 보지 않고 이같은 질문을 하는 것은 무책임한 태도가 아닐까 합니다.

　인간 영혼이 실재한다고 증명하는 주장 가운데 가장 대표적인 것은 근사체험자들의 일관된 주장입니다. 이들의 주장을 꼼꼼히 읽어보면 인간 영혼이 존재한다는 것을 어렵지 않게 받아들일 수 있습니다. 근사체험자라고 불리는 사람은 잘 알려진 것처럼 의학적으로 죽었다는 선고를 받았다가 다시 살아난 사람을 말합니다. 그들은 이때 영혼이 육신을 빠져나가는(?) 체험을 합니다. 그 상태에서 그들은 계속 영혼으로 존재하면서 자신의 주변에 일어난 일들을 목도합니다. 이때 영혼은 육신이 없기 때문에 말은 하지 못하지만 지상에서 일어나는 일을 전부 볼 수 있습니다. 그리고 자신이 목격한 일을 영혼에 저장하기 때문에 나중에 다 기억해낼 수 있습니다.

반면에 지상에서 육신의 상태로 있는 사람들은 이 영혼을 보지 못합니다. 이것은 당연한 일입니다. 영혼은 순수 에너지체라 육신의 눈으로는 볼 수 없기 때문입니다. 그런데 이렇게 육신을 빠져나간 사람 중에 아직 죽으면 안 되는 사람들이 있습니다. 이승에서 꼭 해야 할 일이 남은 사람은 죽으면 안됩니다. 이런 사람들은 영혼이 다시 자신의 육신으로 돌아와 소생하게 됩니다. 의식이 돌아온 다음 그들은 자신이 관찰한 것을 실토하는데 놀랍게도 그들의 주장은 모두 사실과 부합합니다.

이런 사례 가운데 가장 비근한 예가 수술을 받다가 근사 체험을 한 경우일 겁니다. 이 사례는 대체로 이렇게 진행됩니다. 당사자가 수술받던 중 예기치 않은 의학 사고가 나서 죽음을 맞이합니다. 의학적으로 죽음을 선고받은 것이지요. 그런데 몇 분 뒤에 기적적으로 다시 살아나 자기가 죽어 있는 동안 관찰했던 것을 말합니다. 자신이 의식이 끊긴 상태로 있을 때 의사나 간호사가 했던 말이나 어떤 수술 도구를 썼는지를 다 기억해내는 것이지요. 그런데 이런 것들은 죽음을 맞이해서 뇌가 정지된 사람이 할 수 있는 일이 아닙니다. 뇌가 작동하지 않는 사람은 어떤 인식 활동도 하지 못하기 때문입니다. 그런데도 이 사람은 위의 일들을 다 기억하니 이것은 인간의 의식(혹은 영혼)은 육신과 분리된 상태에서도 여전히 존재하면서 작동한다는 것을 증명하는 사례라고 할 수 있습니다. 이런 예는 하도 많아 더 거론할 필요가 없습니다. 그럼에도 불구하고 근사체험자들의 체험이 모두 환상에서 비롯된 것이라고 주장하는 사람들이 꽤 있습니다. 만일 이런 예들이 모두 환상에 불과한 것이라고 주장하고 싶다면 그들은 역으로 각각의 사례가 모두 환상이라는 것을 증명해야 합니다. 그래야 그들의 주장이 참이 됩니다. 그런데 이 일은 성공할 수 없습니다. 근사체험자들의 체험은 진실하기 때문입니다. 그리고 인간의 영혼이 실재한다고 상정하면 모든 사례가 다 설명될 수 있으니 이 견해를 거부할 이유가 없습니다.

2. 인간은 환생한다.

그다음에 상정되어야 할 명제는 '인간은 환생한다'라는 것입니다. 인간은 한 생만 살고 소멸하는 것이 아니라 거듭해서 이 세상에 태어난다는 것입니다. 그러니까 인간은 탄생해서 생을 살다가 그 생을 마감하고 다시 그가 원래 있던 곳(사후세계 혹은 영계)으로 가는 과정을 반복한다는 것입니다. 이 과정을 몇 번이고 되풀이한다는 것이지요. 인간에게 사후생이 있다고 믿는 사람은 꽤 있습니다. 다시 말해 인간은 영혼이 있고 육신이 명을 다한 뒤에는 영혼들의 세계에서 영혼의 상태로서 계속해서 존재한다고 생각하는 사람이 많다는 것입니다.

그런데 그렇게 영혼의 상태로 있다가 다시 지상에 내려와서 다른 인격으로 재탄생한다는 환생론을 믿는 사람은 그다지 많지 않은 것 같습니다. 사람들이 사후세계는 받아들이지만 환생론에 대해서 거부감을 갖는 것은 충분히 이해됩니다. 지금의 내가 다음 생에 다른 환경에서 다른 사람으로 다시 태어난다는 것은 받아들이기가 그리 쉬운 일이 아닐 겁입니다. 그러니까 다음 생에 태어나는 내가 지금 지니고 있는 영혼과 같은 영혼을 가진 존재이기는 한데 육신은 다른 사람이 되었다는 것은 수용하기가 쉽지 않을 것입니다.

그런데 인간이 환생한다는 것은 인류의 오랜 믿음이었습니다. 특히 인도 종교인 불교와 힌두교에서는 인간의 환생론이 기본 교리로 되어 있습니다. 불교에는 500여 생에 달하는 붓다의 전생을 기록한 책도 있습니다. 『본생담(本生譚)』이 그것입니다. 그런데 사람들은 이 환생론을 하나의 민속 신앙 정도로만 치부하고 그 진실성에 대해서 의문을 표하는 경우가 많습니다. 그러다 이 주제가 조명을 받고 진실성을 인정받는 계기가 20세기에 들어와 서양, 그중에서도 특히 미국에서 많이 만들어집니다. 동양 고대 종교의 이론이 20세기 서양에서 재조명 받고 그 진실성을 인정받았다는 것이 매우 이채롭습니다. 이 환생론을 수천 년을 신봉하면서 살았던 동양에서는 괄목할 만한 연구가 이루어지지 않았는데 외려 환생론을 전혀 인정하지 않았던 서구에서 이 이론에 대해 활발한 연구가 이루어졌으니 기이하기 짝이 없습니다. 이번에도 동양이 서양에 뒤지는 것 같아 안타깝습니다.

이 주제에 대해서는 그동안 많은 연구가 있었는데 그것을 다 소개할 필요는 없을 것입니다. 이에 대해서는 제가 다른 졸저(『죽음의 미래』 등)에서 충분히 밝혔기 때문에 궁금하신 분은 그것을 참조하면 되겠습니다. 20세기에서 인간의 환생론을 가장 많이 주장한 분야는 역행최면일 것입니다. 이 분야에도 많은 연구가 있었지만 미국에서 가장 많은 주목을 받은 사람은 정신과 의사인 브라이언 와이스일 겁니다. 그는 평소에 환생이니 카르마니 하는 것들에 대해 전혀 관심이 없었을 뿐만 아니라 그런 것들은 미신에 불과하다는 신념을 갖고 있었습니다. 그랬던 그가 캐서린이라는 환자를 만나서 치료하는 가운데 변모하는 모습은 가관이었습니다. 그는 캐서린의 공포증을 고치기 위해 최면 요법을 썼는데 예기치 않게 캐서린이 전생의 삶을 기억한 것입니다. 그래서 그는 그때부터 역행 최면을 본격적으로 시도했고 그 결과 캐서린이 겪은 수십 번의 전생을 확인하게 됩니다. 그 후로 그는 인간의 환생론을 열렬하게 지지하는 사람으로 바뀝니다. 그 과정은 그의 책 『나는 환생을 믿지 않았다』에 자세하게 적혀 있는데 그의 다른 책(『전생요법』, 『기억』 등)을 보면 그가 이 역행 최면을 통해서 많은 환자들을 치유한 것을 알 수 있습니다.

　　그다음으로 나오는 인간 환생론의 유력한 증거는 미국 버지니아 대학에서 정신과 교수로 재직했던 이안 스티븐슨이 행한 연구입니다. 그는 검증을 중시하는 철저한 학자였기 때문에 최면으로 전생으로 가는 따위의 연구를 별로 신임하지 않았습니다. 이유는 간단합니다. 그런 식으로 알아낸 전생은 검증할 수 없기 때문입니다. 앞에서 든 캐서린의 예를 보면, 한 최면에서 그녀는 이집트에서 하녀로 살았던 기억을 상기했는데 이런 것들은 검증이 불가능합니다. 그렇지 않겠습니까? 수천 년 전에 먼 외국에서 하녀로 살았던 사람의 기록을 어떻게 찾을 수 있겠습니까? 그래서 스티븐슨은 이 주제에 대해 전혀 다른 시각으로 접근했습니다. 그의 접근법은 전무후무한 것으로서 매우 독창적이었고 객관적이었습니다.

　스티븐슨이 택한 방법은 전생을 기억하는 아이들을 대상으로 그들의 전생을 탐구하는 것이었습니다. 이 아이들은 말문이 터질 때쯤 자신의 직전생을 기억해내는데 그들의 직전생은 현생에서 수년 혹은 수십 년밖에 떨어져 있지 않아 그때 일어난 일을 충분히 검증할 수 있었습니다. 스티븐슨이 들었던 예를 보면, 그가 실험 대상으로 연구했던 아이들은 많은 경우 전생에 살았던 동네가 이번 생에 살고 있는 마을과 그다지 멀리 떨어져 있지 않았습니다. 그래서 그 생에서 가족 관계를 맺었던 사람들의 대다수가 여전히 그 마을에 살고 있었습니다. 그렇게 되니까 스티븐슨은 이 아이가 말했던 내용을 그 마을에 가서 확인할 수 있었습니다. 그 생에서 살 때 그와 같이 살았던 아내나 자식, 혹은 다른 친척들이 여전히 살아 있어서 검증할 수 있었던 것입니다.

　이런 예가 부지기수로 많지만 그 가운데 가장 많이 알려지고 극적인 경우는 6살 때 자신의 직전생을 기억해낸 미국의 제임스 레이닝거라는 아이입니다. 이 아이는 자신이 직전생에 제2차 세계대전 때 미군 비행기 조종사로 참여했다가 이오지마 전투에서 일본군의 포탄을 맞고 추락해 죽은 제임스 허스턴(Jr.)이라고 주장했습니다. 그리고 그 주장을 뒷받침할 만한 증거를 많이 보여줍니다. 자세한 것은 생략합니다마는 그는 당시에 자신이 몰았던 비행기나 당시의 동료 등에 대해 증언을 합니다. 특히 당시 같이 비행기를 탔던 동료들의 이름을 기억했던 것은 결정적인 증거였습니다.

그런데 다행히 이 아이의 부모가 제임스의 뚱딴지같은 말을 허투루 듣지 않고 확인 작업에 들어갔습니다. 특히 전생의 인물인 허스턴이 근무했던 부대를 찾아가서 제임스가 말한 것들을 확인해보았지요. 그 결과 그가 실토한 것이 모두 사실로 판명됩니다. 그리고 그런 확인 작업이 끝나자 제임스가 잠잘 때 꾸던 악몽도 사라졌다고 합니다. 제임스는 잠잘 때 적군의 포탄에 맞아 추락하는 비행기 안에서 불타서 죽는 꿈을 많이 꾸었다고 하는데 그 악몽이 사라진 것이지요. 이처럼 제임스의 예는 하도 극적이라 여러 사람들의 회자 거리가 되었습니다.

이 이외에도 인간이 환생한다는 사실을 보여주는 증거 자료는 많습니다. 특히 사람들의 전생을 읽어낼 수 있는 에드거 케이시 같은 영능력자의 경우가 그렇습니다. 케이시는 자신이 최면에 들어 많은 사람들의 전생을 읽어내고 거기서 얻은 정보를 가지고 그 사람의 병을 고쳐주었습니다. 이 같은 작업을 통해 그는 우리에게 전생과 관련해서 많은 연구와 체험을 알려주었습니다. 사실 케이시는 독실한 개신교 신자라 인간이 윤회해서 탄생과 죽음을 반복하다는 인도 종교의 교리를 전혀 믿지 않았습니다. 그랬던 그가 어느 날 자가최면 상태에 들어갔을 때 인간은 한 생만 살고 죽으면 끝이 아니라 거듭해서 이 지상에 태어난다는 사실을 알게 됩니다. 환생을 거듭한다는 것이지요.

그와 더불어 현생의 병은 전생에 저지른 어떤 사건 때문에 생길 수 있다는 것을 알게 됩니다. 특히 그는 사람이 전생에 윤리적으로 잘못된 행동을 할 경우 현생에 그와 관계되는 병에 걸리는 경우가 많다는 사실에 눈을 떴습니다. 이런 경우 이 병은 환자가 회개하지 않으면 고쳐지지 않습니다. 아무리 좋은 약을 써도 치유가 안 되고 반드시 당사자가 참회해야만 고칠 수 있다는 것이지요. 이런 식으로 케이시는 인간은 부단히 전생으로부터 영향을 받는다고 주장하면서 인간이 환생한다는 교리를 설파했습니다.

그런가 하면 앞에서 본 근사체험자들도 한결같이 인간은 무수한 생을 환생한다고 주장합니다. 그들의 영혼이 육신에서 빠져나와 자유로운 상태가 됐을 때 인간은 지상에 계속 환생한다는 것을 자연스럽게 알게 된다고 합니다. 사람이 영혼 상태가 되면 지상에서 육신을 갖고 살 때와 달리 영적인 지혜가 생긴다고 합니다. 그래서 그들이 다시 살아난 다음에는 불교의 윤회설을 부담없이 받아들이게 됩니다.

인간의 환생에 대해서는 얼마든지 그 증거를 댈 수 있지만 이 정도의 설명이면 인간이 환생한다는 것은 대체로 증명(?)된 것 아닌가 합니다. 그러나 이렇게 자료가 많음에도 불구하고 '그래도 나는 믿지 못하겠다'라고 하는 분이 있을 수 있습니다. 다 괜찮습니다. 이런 주제를 공부하는 '동네'에서는 어떤 가르침이든 사람들에게 그것을 받아들이라고 강요하지 않습니다. 모든 것을 그 사람의 자유 의지에 맡겨 놓지요. 그 사람이 수용하든 안 하든 마음대로 하라고 하는 것입니다. 이렇게 하는 것은 당연한 것입니다. 그런 사람들도 때가 되면 다 이해하게 되기 때문입니다. 그때라는 것이 이번 생이 아닐 수도 있습니다. 다음 생, 아니면 다다음 생이 될 수도 있는데 정확히 그때가 언제가 될지는 아무도 모릅니다. 영적으로 성숙한 사람은 재촉하지 않고 그때를 조용하게 기다립니다.

3. 인간의 영혼에는 환생했던
생에 관한 모든 정보가 저장되어 있다.

앞에서 본 것처럼 인간은 수없이 환생하는데 여기서 중요한 것은 이런 과정에서 인간이 행한 모든 것이 자신의 영혼에 저장된다는 것을 확실하게 이해하는 것입니다. 이때 인간이 행하는 것은 전통적으로 세 가지로 구분됩니다. 세 가지란 앞에서 본 것처럼 몸으로 직접 행동한 것, 입으로 말한 것, 마음으로 생각한 것을 말합니다. 이것을 전통 불교에서는 그 주체를 신구의(身口意), 즉 몸, 입, 생각이라고 표현하지요. 그런데 인간이 언제부터 환생했는지 모르지만 환생했던 모든 생의 기억이 우리 영혼에 기억되어 있다니 놀랍지 않습니까?

사실 이것은 대승 불교에서 진즉에 주장해오던 설이었습니다. 유식학(唯識學)이라는 종파에서 주장하던 것인데 이 학파는 교리가 너무 어려워서 일반인들에게 설명하기가 힘듭니다. "서유기"로 유명한 현장 법사가 인도에 가서 공부한 것이 바로 이것이었습니다. 이 철학으로 종파를 만든 것은 법상종(法相宗)이라는 종파입니다. 이 종파는 그 교리가 하도 복잡해 다 사라져버렸습니다. 그런데 이 종파에서 주장하는 것이 카르마 법칙과 상통하는 바가 있습니다.

이 종파의 주장에 따르면 우리가 행하는 모든 것은 우리 의식의 가장 깊은 곳에 있는 알라야식(Alaya Consciousness)이라는 심층 의식에 저장된다고 합니다. 이 의식은 제8식이라는 별칭도 가지고 있습니다. 이 의식을 한자로 번역하면 보통 장식(藏識)이라고 하는데 이때 '장'은 저장(store)한다는 의미를 갖고 있습니다. 여기에 저장되어 있는 정보들은 카르마 법칙에 따라 인연이 됐을 때 발현되어 소멸될 수도 있고 다시 다른 카르마를 만들 수도 있습니다. 만일 다른 카르마를 만들게 되면 그것은 다시 새로운 정보로 저장되었다가 다음 생으로 전달됩니다.

불교에서 주장하던 이 교리는 그다지 주목받지 못했습니다. 그저 불교의 한 종파가 주장하는 특이한 학설 정도로만 치부되었지요. 이 교리는 인식의 한계를 벗어나 상상을 뛰어넘는 것이라 일반 사회에서는 받아들이기가 어려웠을 겁니다. 그래서 그런지 다른 세계 종교인 기독교나 이슬람교에서는 이와 유사한 가르침을 찾기 힘듭니다. 하기야 이 종교에서는 환생 자체를 인정하지 않았으니 인간의 영혼에 정보가 저장되고 다음 생에 전달된다는 교리는 언감생심이었겠지요.

그러다 이 교리는 20세기에 들어와 서양에서 큰 우군을 얻게 됩니다. 다시 역행 최면이 등장할 차례입니다. 역행 최면을 실행했던 사람들이 이 교리에 동조하기 시작한 것입니다. 이 사례에 대해서는 다른 예를 들 것도 없이 앞에서 거론했던 와이스 교수의 환자였던 케서린의 예를 들면 됩니다. 그녀는 와이스의 최면으로 자신이 겪었던 수많은 전생을 기억해냅니다. 그녀가 기억해낸 전생은 80여 개가 되는데 역사 시대 가운데 가장 오래된 전생은 이집트에 살 때의 전생이었습니다. 그뿐만이 아니었습니다. 그녀는 동굴에서 살던 선사시대의 전생도 기억해냈습니다. 그리고 이런 여러 전생을 겪으면서 만났던 사람들이 생을 달리하면서 그녀의 주위에서 어떤 사람으로 나타나는지도 기억해냈습니다. 그녀의 주변에 있던 사람들이 역할을 달리하면서 각 생에 나타난 것을 기억한 것입니다.

　이 인간 영혼의 카르마 저장설에 대해서는 와이스 외에도 많은 사람들이 주장했습니다. 역행 최면 세계에서 유명한 마이클 뉴턴을 비롯해 헬렌 웸바흐, 스타니슬로브 그로프, 맨리 홀 등과 같은 저명한 연구가들이 모두 이 설을 지지했습니다(이 사람들의 저작은 국내에 번역본이 있으니 관심 있는 분은 참조 바람). 이런 사람들이 너무 많아 다 인용하기 힘들 지경입니다. 물론 이 목록에 에드거 케이시도 들어가야 하는데 그의 경우는 조금 다릅니다. 그는 다른 사람을 최면한 것이 아니라 자신이 최면 상태에 들어가 아카샤 레코드라는 우주적 저장 기록에 접속해 전생에 대한 각종 정보를 알아냈다고 합니다. 아카샤 레코드는 허공 혹은 우주 의식에 저장된 정보를 의미하는데 불교에서는 이와 비슷한 개념을 '허공 법계'라는 용어로 설명하기도 했습니다. 이 주장에 따르면 이 아카샤 레코드 안에는 그동안 지구상에 존재했던 인간이 행한 모든 것이 저장되어 있다고 합니다.

　이 기록은 항상 개방되어 있기는 한데 우리 같은 보통 인간들이 갖고 있는 일상 의식으로는 접속할 수 없다고 합니다. 우리의 의식은 진동수가 너무 낮아 이 아카샤 레코드에 근접할 수 없기 때문입니다. 그러나 인간의 무의식을 넘나들 수 있는 영능력자들은 다릅니다. 이들은 쉽게 말해 '도를 많이 닦아' 영성이 매우 높습니다. 영성이 높다는 것은 이들이 지닌 의식의 진동수가 매우 높다는 것을 뜻합니다. 따라서 이들은 자신의 진동수와 수준이 비슷한 아카샤 레코드에 접속해서 정보를 알아 올 수 있습니다. 이 이론 역시 생경하기는 마찬가지인데 사정이 어찌 됐든 우리는 이런 사례를 통해 인간에 관한 모든 정보가 개인의 무의식이든 우주든 그 안에 고스란히 저장되어 있는 것을 알 수 있습니다.

4. 카르마 법칙은 인간을 도덕적으로 완성시킨다.

앞에서 우리 인간은 환생한다고 했고 이 모든 환생을 관통하고 있는 법칙이 카르마 법칙이라고 했습니다. 그러면 카르마 법칙이 추구하는 것은 무엇일까요? 앞에서 말한 것처럼 그것은 인간의 도덕적인 완성이라고 할 수 있습니다. 그리고 더 나아가서 자아실현을 하고 종국에는 종교에서 말하는 초월적인 체험을 하게 하는 데에 있습니다. 한마디로 말해 우리가 인생의 궁극적 목표를 달성할 수 있게 해주는 것이 카르마 법칙의 목적이라고 할 수 있습니다.

그런데 이와 같은 구원(久遠)의 목표를 달성하려 할 때 그 시발점으로 삼아야 하는 것은 도덕적으로 완성되는 것입니다. 인간은 윤리적으로 선해야 그다음 단계인 지혜의 단계로 나아갈 수 있습니다. 인간 윤리 법칙 가운데 가장 기본이 되는 황금률이 무엇입니까? '남이 나에게 하지 않았으면 하는 것을 남에게 하지 마라'라는 것 아닙니까? 이 같은 기본적인 규율을 지키지 않고서는 종교에서 말하는 궁극적인 경지로 갈 수 없습니다. 그런데 만일 우리가 이 원칙을 어기면 카르마 법칙은 반드시 개입하여 우리에게 경종을 울립니다. 특히 우리가 남을 어떤 식으로든 괴롭히는 짓을 하면 카르마 법칙은 우리에게 그에 상응하는 고통을 줌으로써 경고를 합니다. 인간이 응당히 가야 할 길을 가지 않았기 때문에 주의를 주어 우리가 제자리를 찾게 해주는 것이지요. 이것은 흡사 자율주행차가 주행차선을 벗어났을 때 '삐삐'와 같은 소음을 내는 것과 비슷하다 하겠습니다. 그런 경고음을 통해 운전자에게 원래의 차선으로 돌아가라고 충고하는 것이지요.

그러면 다음과 같은 사안이 궁금하지 않습니까? 즉 '우리는 언제까지 환생을 거듭해야 하는가?'와 같은 질문 말입니다. 우리 인간이 이 지상에 환생하는 이유는 도덕적인 완성을 꾀하기 위해서라고 했습니다. 그러려면 우리가 지상에서 지은 카르마를 모두 해소해야 합니다. 특히 다른 사람에게 도덕적으로 나쁜 일을 했을 때 좋지 않은 카르마가 형성됩니다. 이런 것이 조금이라도 남아 있으면 우리는 환생에서 벗어날 수 없기 때문에 이 부정적인 에너지를 중화시키기 위해 노력해야 합니다. 이 노력에는 참회라든가 회개, 용서, 봉사 같은 매우 긍정적인 덕목들이 포함됩니다. 이렇게 노력을 하다 보면 삶의 진정한 양상에 대해 지혜가 생기게 됩니다. 그리고 타인을 어떤 식으로든 괴롭히는 것이 얼마나 나쁜지를 확실하게 알게 될 뿐만 아니라 타인을 어떻게 위해야 좋은 가에 대해서도 명확하게 알게 됩니다.

만일 우리가 이 카르마 법칙이 운용되는 모습을 확실하게 깨우칠 수 있다면 아무리 작은 것이라도 다른 사람을 해치는 일을 할 수 없게 됩니다. 그러면 이때부터 우리는 내재적인 도덕성으로 무장하게 됩니다. 보통 도덕은 외부에서 부과되는 경우가 많은데 이것은 진정한 의미에서 도덕이라 볼 수 없습니다. 이것은 타율적인 것으로 마음속에서 우러나와 자율적으로 윤리적인 일을 하는 것이 아닙니다. 외부로부터의 제약이나 체벌이 두려워 도덕적으로 행동한다는 것이지요. 그러나 카르마 법칙을 진정으로 깨달은 사람은 누가 뭐라고 하지 않아도 자발적으로 도덕적인 삶을 삽니다. 이런 사람은 어느 누구의 눈치도 보지 않고 항상 바른 일을 하려고 노력합니다. 그래서 혼자 있을 때도 도덕적으로 행동합니다. 도덕이 내재화되어 있어서 그렇습니다.

이 정도의 수준에 이른 사람들은 환생하지 않습니다. 우리는 종종 이런 사람들을 두고 지구 학교의 졸업반에 들어가 있다고 표현합니다. 여기서 주목해야 할 것은 '지구 학교'입니다. 이 분야의 전문가들은 이 지상을 학교에 많이 비유합니다. 학교란 학생이 배우는 곳이지만 그와 더불어 반드시 졸업해야 하는 곳입니다. 우리는 이 지상에 와서 카르마 법칙에 대해 확실하게 배워 영적으로 큰 성장을 이루어 더 이상 지상에 태어나지 않아야 합니다. 이게 바로 지구 학교를 졸업하는 것입니다. 그런데 지구 학교를 졸업하는 것은 결코 쉬운 일이 아닙니다. 그런 의미에서 이 지상은 아주 빡센 학교 혹은 훈련장이라고도 합니다.

그런데 이 지구 학교를 졸업하면 우리는 어디로 갈까요? 우리는 수준 높은 영혼이 되어 영적 세계에 머물면서 또 배웁니다. 그러나 그곳은 지상과 달라서 고통이 없는 세상입니다. 지상과 같이 이른바 생로병사 같은 고통을 겪지 않아도 된다는 것입니다. 비슷한 수준의 영혼들과 같이 머물면서 서로 배울 뿐만 아니라 지상에서 오는 영혼들을 돕는 데에 온 힘을 다한다고 합니다. 지상에서 오는 영혼들은 아직 지구 학교를 졸업하지 않은 영혼으로서 많은 도움과 배움이 필요합니다. 이 '어린' 영혼들이 지난 생을 정리하고 다음 생을 기획하는 데에 이 지구 학교를 졸업한 영혼들은 많은 도움을 제공한다고 합니다.

이제 이 정도면 카르마 법칙이 운용되는 양상을 거칠게나마 파악하셨을 겁니다. 더 필요한 설명은 본론에서 각 사안을 설명하면서 덧붙일까 합니다. 자 그럼 이제부터 한국인들의 일상적인 표현에 나타난 오해나 잘못된 점에 대해서 보기로 합니다.

인생은
'공수래공수거'가 아니다

본론

"인생은 빈손으로 왔다가 빈손으로 가는것"
(이른바 "공수래공수거")

우리가 쓰는 일상적인 표현 가운데 이 '공수래공수거', 즉 '빈손으로 왔다가 빈손으로 간다'라는 표현은 자주 마주치는 문구입니다. 특히 생의 마지막에 다다르게 되면 우리는 가는 짐을 덜고 초연해보겠다는 심정으로 이 표현을 많이 사용하는 것 같습니다. 한국의 최고 부자 중의 하나였던 삼성 그룹의 이병철 회장도 이 문구를 좋아해 생전에 붓글씨로 수많은 '공수래공수거'를 써서 남겼다는 이야기가 전해집니다. 누구보다도 돈이 많이 있는 이 회장이 이런 말을 했다니 재미있습니다. 어떻든 우리가 이런 말을 하는 이유는 그간 한평생을 살면서 물질적인 것만을 탐하고 살았던 삶을 반성하면서 생에 대한 애착을 놓으려고 하는 것일 겁니다.

이병철 회장은 죽기 한 달 전에 삶에서 가장 중요하다고 할 수 있는 문제를 질문 24개로 정리한 것으로 유명하지요. 대체로 종교적인 질문인데 예를 들면 이런 겁니다. '신의 존재를 어떻게 증명할 수 있나?', '신은 자신의 존재를 왜 똑똑히 드러내지 않나?', '신은 만물의 창조주라고 하는데 그것을 어떻게 증명하나?', '창조론와 진화론은 어떻게 다른가?', '신이 인간을 사랑했다면 왜 고통과 불행을 주었나?', '신은 왜 히틀러 같은 악인을 만들었나?', '우리가 죽어 천당과 지옥 등에 간다는데 그것을 어찌 믿을 수 있나?', '부자가 천국 가는 것을 낙타가 바늘구멍에 들어가는 것에 비유했는데 부자는 악인인가?' 등인데 참으로 정곡을 찌르는 질문이 아닐 수 없습니다.

　　그러나 이 질문은 종교 일반에 관한 것은 아니고 기독교 같은 유신론적 종교에 던지는 질문이라고 할 수 있겠지요. 왜냐하면 이런 질문은 비유신론적인 종교인 불교에서는 아예 제기조차 안 되는 것이기 때문입니다. 그래서 그랬는지 이 회장은 이 질문을 1987년에 가톨릭의 고위 사제인 정의채 신부에게 보냈다고 하더군요. 그리고 두 분이 만나기로 약속까지 했다는데 이 회장이 갑자기 타계하는 바람에 만남은 불발이 되었다는 후문이 있습니다. 그러다 2012년이 되어서 차동엽 신부라는 분이 "잊혀진 질문"이라는 제목으로 책을 내어 이 회장의 질문에 답을 하게 됩니다.

　　제가 이병철 회장의 예를 드는 것은, 이 질문에 대해서 생각해보자는 것은 아닙니다. 그보다 이 회장의 이러한 태도는 '죽음은 마지막 성장의 단계'라는 죽음학의 금언을 잘 보여주고 있기 때문입니다. 사람들은 살면서 바쁜 나머지 가장 중요한 질문을 외면하는 경우가 많습니다. 우리가 한창일 때는 돈 버는 데에 혈안이 되어 직장이나 부동산, 주식 등에 함몰되어 우리의 인생에 대해 진지하게 생각하지 않습니다. 그러다 늙어서 임종이 목전에 이르게 되면 그제야 평생 해 왔던 재물이나 명성 쌓기 작업 등이 모두 의미 없다는 것을 알게 됩니다. 그리고 인생에서 가장 중요한 질문들을 진지하게 생각하게 되는데 이를테면 '나는 누구인가?'와 같은 궁극적인 질문부터 '나는 삶을 잘 살았는지', '타인은 나를 어찌 생각하는지', '나는 좋은 아내였는지, 아들이었는지 엄마이었는지'와 질문이 그것입니다. 이런 질문을 제기함으로써 이번 생을 정리하는 것이지요. 여기에 이 회장의 경우가 가장 잘 부합됩니다. 그런데 이 회장의 경우가 예외라고 할 수 있을 정도로 이런 일을 하는 사람이 적어서 안타깝습니다. 한국인들은 임종이 코앞에 닥치면 아직도 무의미한 연명 치료에 매달리는 것 같아 문제입니다. 치료에 매달리면 정신이 온통 치료에만 팔리게 되어 이런 질문을 할 기회가 사라지게 되니 그렇습니다.

다시 우리의 주제로 돌아가지요. 물론 이병철 회장이 보인 이런 태도는 좋습니다. 그런데 잊지 말아야 할 것이 있습니다. '공수래공수거'라는 것은 물질적인 것에만 해당된다는 것입니다. 내가 소유한 물질의 입장에서 보면 공수래공수거는 분명히 맞습니다. 태어날 때 알몸으로 와서 죽을 때 아무것도 갖고 가지 않으니 말입니다. 아니, 가지고 가고 싶어도 그럴 수 없겠지요. 그런데 이와 관련된 재미있는 속(俗)스러운 표현이 있지요? 이것은 남자들이 우스갯소리로 하는 것인데 '나는 태어날 때 xx 두 쪽만 갖고 왔다'라는 표현이 그것입니다.

그런가 하면 대중가요 가사에도 이와 비슷한 표현이 발견됩니다. 젊은 분들은 잘 모르는 노래일 수 있는데 김국환 가수가 부른 '타타타'라는 노래(1992년 발표)에 이런 가사가 나옵니다. 이 가수 이야기가 나와서 하는 말인데 그는 이 노래를 부르면서 오랜 무명의 세월을 딛고 스타로 발돋움합니다. 그러나 사실 그의 목소리는 이전부터 많이 알려져 있었습니다. 특히 '은하철도 999'라는 유명한 만화 영화의 주제가를 불렀기 때문에 그의 목소리는 지명도가 높았습니다만 그의 얼굴은 거의 무명에 가까웠지요. 그러다 드라마의 신이라 불리는 김수현 작가가 이 노래를 듣고 당시 최고의 드라마였던 '사랑이 뭐길래'에서 틀게 했습니다. 이 드라마의 여주인공인 김혜자 씨가 듣는 라디오에서 이 노래가 흘러나오게끔 설정한 것이지요. 이런 세팅이 되면 결과는 보나마나입니다. 이 노래는 곧 전국적으로 히트해 엄청난 인기를 누리게 되고 김 가수도 드디어 스타 반열에 오르게 됩니다.

제가 이 이야기를 조금 길게 하는 이유는 김 가수가 이렇게 갑자기 인기를 얻게 된 것은 우연이 아니라는 것을 말하고 싶기 때문입니다. 그냥 보면 이런 사건은 우연인 것처럼 보이지만 여기에는 아마도 카르마 법칙이 오묘하게 관여했을 것입니다. 카르마 법칙의 입장에서 보면 김 가수는 과거 언젠가 꾸준히 선인, 즉 좋은 종자를 심었을 겁니다. 쉽게 말해 다른 사람들을 위해 봉사하며 살았다는 것이지요. 이런 선인 혹은 선업이 쌓여서 임계점을 넘으면 이렇게 뜻밖의 좋은 결과가 생기는 법입니다. 이것이 카르마 법칙의 가르침입니다. 따라서 이 법칙을 믿는다면 우리는 항상 선업을 어떻게 쌓으면 좋을까에 대해 고심하고 그것을 행동으로 옮겨야 합니다.

이 노래의 가사에 대해 말한다고 하다가 조금 옆으로 샜습니다. 이 노래의 가사를 보면, '산다는 건 좋은 거지. 수지맞는 장사잖소. 알몸으로 태어나서 옷 한 벌은 건졌잖소'라는 대사가 나오는데 여기서도 알몸으로 아무것도 갖지 않고 나온 인간의 모습을 노래하고 있습니다. 그런데 산다는 게 수지맞은 장사라고 한 것은 무엇을 뜻하는지 잘 모르겠습니다. 그다음에 나오는 가사는 더 이해하기 힘듭니다. 알몸으로 태어나서 옷 한 벌을 건졌다고 하니 말입니다. 굳이 추측해본다면 이때 말하는 옷은 우리가 생을 마친 다음 관에 들어갈 때 입는 수의를 말하는 것이 아닌가 합니다. 그러니까 모친의 배에서 나올 때는 알몸으로 나오지만 죽어서 갈 때는 수의라도 입으니 옷 한 벌을 건졌다고 하는 것 같다는 것이지요. 그런데 그게 어떻게 수지맞는 장사라고 하는 건지 이해가 잘되지 않습니다. 수의라는 '비정상적인' 옷을 얻었는데, 그것도 한 벌만 얻었는데 어떻게 수지맞았다고 하는 건지 잘 이해가 안 된다는 것입니다. 그러나 통속적으로는 재미있는 표현인 것 같습니다.

그런데 이 모든 것은 물질적인 것에만 해당하고 카르마 법칙으로 넘어오면 이야기가 완전히 달라집니다. 앞에서 카르마 법칙에 대한 기본적인 사항들을 읽은 분들은 금세 이 말이 무슨 말인지 아실 겁니다. 카르마 법칙의 입장에서 볼 때 우리는 결코 빈 몸으로 오는 게 아닙니다. 우리의 영혼에는 나라는 개체가 생긴 이래 내가 체험한 모든 일이 저장되어 있다고 했습니다. 우리는 그 엄청난 정보와 함께 이 세상에 태어나는 것입니다.

그런데 여기서 정확하게 할 것이 있습니다. 우리의 영혼에는 그 시초가 언제인지 모르지만 나라는 개체가 생긴 이래로 경험한 모든 것이 저장되어 있다고 했는데 이번 생에 발현되는 카르마는 한정되어 있습니다. 전문가에 따르면 우리가 태어나기 전에 영혼들의 세계에 있을 때 이번 생에 겪을 카르마를 미리 정하고 온다고 합니다. 그러니까 내 영혼에 저장되어 있는 수많은 카르마 가운데 이번 생에 지상에 태어나면 어떤 업보를 해결할지를 결정해서 온다는 것입니다. 그리고 그 카르마를 해결하기 위해서 이번 생에 필요한 배경을 '세팅'한다고 했지요.

이게 무슨 말인가 하면, 이번 생에 과제로 안은 카르마를 소멸할 수 있는 배경을 만든다는 것입니다. 예를 들어 내가 어떤 가족 내에 태어나는가를 비롯해 살면서 어떤 사건을 겪고 직업은 어떤 것을 택할지, 결혼 생활은 어떻게 할지 등등 모든 사회적 관계를 미리 정하고 온다는 것이지요. 우리는 이번 생에 겪는 수많은 일이 우연으로 생긴 것처럼 생각하지만 카르마 법칙은 모든 것에는 원인이 있다고 가르칩니다. 그중에서도 특히 큰 사건들은 모두 계획된 것이라는 게 전문가들의 주장입니다. 부모나 동기, 배우자, 자식 등은 모두 정해져서 오는 것이고 자신의 생을 바꿀 만한 사건들, 예를 들어 큰 사고를 당해 장애인이 된다거나 큰돈을 번다든가 하는 것 등도 모두 정한 다음에 이 세상에 태어난다고 합니다. 그래서 이 세상에 태어날 때 당연히 몸은 알몸으로 오지만 영혼에는 엄청난 양의 카르마가 실려 태어나는 것입니다. 카르마적 관점에서 보면 인간의 탄생은 카르마의 복합적 군단이 지상에 나타나는 것이라고 할 수 있습니다.

만일 이 관점을 받아들인다면 무당 같은 점술사들이 인간의 과거나 미래를 알아내는 일이 이해될 수 있습니다. 그들이 점으로 사람이 과거에 겪은 일이나 앞으로 겪을 일을 알아맞히는 것은 신기하게 보이지요? 그러나 그것은 그들이 직접 알아내는 게 아니고 그들이 모신다고 하는 영적인 존재들이 알려주는 것입니다. 이 영적인 존재들은 상대방의 카르마를 읽을 수 있는 영적인 힘이 있어 그것을 알려주는 것이지요. 내담자의 무의식에 저장되어 있는 카르마를 읽어내 그것을 알려주는 것입니다. 이 능력은 무당마다 다릅니다. 큰 무당들은 더 많은 정보를 정확하게 읽어낼 수 있는 반면 능력이 떨어지는 무당은 소소한 정보밖에 못 얻어오는 등 그들이 모시는 신령의 능력에 따라 영험의 정도가 다릅니다. 사실 우리 인간은 누구나 무의식에 저장되어 있는 카르마를 읽을 수 있는 능력이 있는데 '마음이 더러워져' 그 일을 못하고 있는 것입니다. 누구든 참선 같은 것을 많이 해서 마음을 닦으면 다시 그 능력이 살아난다고 하지요.

이러한 카르마 법칙의 입장에서 보면 서양 철학에서 말하는 것도 평가의 대상이 될 수 있습니다. 서양 철학 중에는 '인간은 마음이 백지(타불라 라사, tabularasa) 상태로 출생한다'라고 주장하는 이론이 있습니다. 아직 아무것도 경험하지 않은 아기의 상태를 이렇게 표현한 것이겠지요. 그러나 이것은 겉으로 볼 때만 그런 것입니다. 이러한 견해는 카르마 법칙의 관점에서 보면 매우 단견(斷見)인 것을 알 수 있습니다. 이유는 말씀 안 드려도 아시겠지요? 우리 인간은 카르마 법칙에 따라 태어날 때부터 이미 전생에서 비롯된 일정한 성향이나 성질을 갖고 있습니다. 이 성향이나 성질은 대체로 전생에 가졌던 것과 비슷하다고 하지요. 만일 전생에서 어떤 사람이 매우 보수적이고 관습적인 성향을 가지고 살았다면 이번 생에도 그 같은 성향을 가질 확률이 높습니다.

사실 카르마 법칙의 관점에서 보면 이번 생에 우리가 지니고 살게 될 성향은 모두 갖고 태어난다고 할 수 있습니다. 이것은 같은 부모 밑에 태어난 동기들을 보면 금세 알 수 있습니다. 한 부모 밑에 태어난 형제자매 간인데 서로 다른 성향을 가진 사람들이 많이 있습니다. 예를 들어 첫째는 아주 외향적인데 둘째는 매우 내향적인 성격을 갖고 있습니다. 같은 부모 밑에서 성장했는데도 이렇게 다른 것입니다. 교육학자나 심리학자들은 보통 우리의 성격이나 성향은 자라나면서 주위 환경에 의해 형성된다고 주장합니다. 물론 그런 면이 없는 것은 아니겠지만 갖고 태어나는 것이 더 많은 것 같습니다(그리고 인간은 잘 변하지 않는다는 것이 많이 살아본 분들의 공통된 견해입니다).

이에 대한 더 극적인 예는 쌍둥이입니다. 이들은 하나가 둘로 나뉜 것이니 모든 것이 같아야 합니다. 그런데 카르마적으로 볼 때는 완전히 다른 사람이 될 수 있습니다. 카르마가 다르면 아무리 쌍둥이라 할지라도 그 성향이 다르게 나타날 수 있습니다. 이것은 아예 몸을 같이 쓰고 있는 샴쌍둥이에게도 적용된다고 하지요. 머리가 두 개인 샴쌍둥이는 머리는 두 개이고 몸은 하나이니 둘의 성격이 똑같아야 할 것 같은데 이 둘도 성향이 완전히 반대로 나타나는 경우가 있다고 합니다.

이렇듯 우리는 많은 것을 갖고 태어나는데 심지어 '우리는 모든 것을 갖고 태어난다'라는 말도 있답니다. 이 주장을 받아들이면 우리가 처하게 되는 환경은 우리를 잘 바꿀 수 없게 됩니다. 그러면 우리는 자신을 개선하려는 작업을 그만두어야 할까요? 절대로 그렇지 않습니다. 우리는 자신을 좀 더 낫게 만들기 위해 끊임없이 노력해야 합니다. 그 바꾸려는 작은 노력들이 모이면 나중에 때가 됐을 때 큰 힘을 발휘할 수 있습니다. 그런 노력은 없어지는 게 아니고 우리의 무의식에 저장되어 다음 생으로 전해집니다. 그렇게 되면 그 노력은 그 생에서 빛을 발할 수도 있습니다. 그러니 우리는 무조건 노력해야 합니다. 모든 것이 결정되어 있으니 아무것도 안 해도 된다고 생각하는 것은 어리석은 견해입니다.

여기까지가 공수래, 즉 '빈손으로 왔다'라는 데에 대한 설명입니다마는 공수거, 즉 '빈손으로 간다'라는 것도 같은 시각으로 비판할 수 있습니다. 이에 관해서는 설명이 더 필요 없겠지요? 우리는 이번 생을 마칠 때 절대로 빈손으로 가는 것이 아닙니다. 물론 물리적인 손에는 아무것도 없겠지요. 아무리 돈이 많은 사람도 동전 하나 가져가지 못하며 아무리 땅을 많이 가진 부자도 땅 한 평 가져가지 못하니 말입니다. 그러나 카르마 법칙의 관점에서 보면 태어났을 때보다 더 많은 카르마를 안고 세상을 떠납니다. 이유는 아시겠지요. 이번 생에 체험한 것 모두를 가져가니 말입니다. 우리가 한 생을 살면서 얼마나 많은 경험을 합니까? 우리는 이 경험과 생각들을 모두 저장해서 영혼들의 세계로 돌아갑니다.

이처럼 이전 생에서 가져온 카르마에 이번 생의 카르마까지 보태졌으니 카르마가 눈덩이 커지듯 커졌습니다. 이렇게 보면 우리의 인생은 카르마의 바다에서, 아니 카르마의 우주에서 헤매는 것이라 할

수 있습니다. 그 바다 혹은 우주는 너무도 넓어 과연 인간이 그곳을
빠져나올 수 있을지 심히 의문스럽습니다. 그러나 절망할 필요는 없
습니다. 이렇게 같이 공부하면서 차근차근 전진하면 분명 목적지에
다다를 수 있습니다.

"인생은 어디서 왔다가 어디로 가는가?"

앞에서 인용한 하숙생이라는 노래는 원래 이 가사로 시작합니다. 이 노래의 1절 가사를 보면, '인생은 나그네 길, 어디서 왔다가 어디로 가는가'라고 시작하고 있으니 말입니다. 이 문구는 사람들이 많이 인용하는 것이기도 하지요. 누구나 한 번쯤은 이 가사와 같은 의문을 가져본 경험이 있을 겁니다. 그러나 사실 우리는 이런 질문을 잘 하지 않습니다. 대신 우리는 어떻게 하면 돈을 많이 벌고 편안하게 살까만 생각합니다. 그러다 술을 진탕 마신 다음 날 새벽에 깨어나 갑자기 밤하늘에 별을 보면서 이런 생각에 잠길 수도 있습니다. 아니, 이런 경우는 없겠군요. 지금 한국의 밤하늘에는 별이 보이지 않으니 말입니다. 불을 너무 환하게 켜놓아 별이 보이지 않는 것입니다. 이렇게 별을 다 빼앗기고 사는 한국인은 결코 행복하다고 할 수 없습니다.

별에 대해서 할 말이 많지만 우리의 주제에 부합되는 것이 아니니 예서 그치기로 합니다. 그런데 우리가 이런 질문을 하는 경우가 또 있습니다. 사랑하는 사람의 죽음을 목도하고 세상이 허무해졌을 때 우리는 이런 질문을 떠올릴 수 있지요. 예를 들어 내가 그렇게 사랑했던 어머니가 돌아가시고 난 다음에 슬픔에 잠겨 '내 어머니는 지금 어디에 계신 걸까?'라는 의문을 가질 수 있습니다. 그러다 '도대체 인간은 어디서 왔다가 어디로 가는 걸까'라는 보다 더 근본적인 질문을 던질 수도 있습니다.

이 질문에 대해서 우리는 얼마든지 철학적으로 생각해볼 수 있습니다. 예를 들어 '내 생명은 어디서 비롯됐고', '나라는 존재는 도대체 무엇인가'와 같은 철학적인 문제가 그것입니다. 비근한 예를 들면, 선불교에서 스승이 제자에게 '너는 어디서 왔느냐?'라고 물으면 제자는 '일찍이 간 적이 없는데 어떻게 올 수 있겠습니까?'라고 답합니다. 여기서 이들은 매우 철학적인 대화를 한 것입니다. 선불교에서 가장 중시하는 진여자성(眞如自性)이나 진아(眞我)에 대해 묻고 대답한 것입니다. 그런가 하면 근세 인도에서 최고의 요기 가운데 한 사람이었던 라마나 마하리쉬가 가장 많이 던진 질문인 "나는 누구인가"와 같은 질문도 같은 맥락에서 이해될 수있습니다.

선불교의 진여자성이나 마하리쉬의 '나'는 생각 너머(이원론을 넘어서) 있는 존재를 말하고 있기 때문에 일반인들은 알기 어렵습니다. 이것은 나의 모든 속성 뒤에(혹은 너머에 혹은 심층에) 있는 형이상학적인 나, 근본적인 나, 이게 없으면 나의 어떤 것도 가능하지 않은 근원적인 나를 말하는 것인데 줄여서 말하면 절대적 주체(absolute subjectivity)라고 할 수 있습니다. 여기까지만 와도 너무 어렵지요? 그래서 여기서는 이런 식의 매우 높은 수준의 형이상학적인 문제는 다루지 않으려고 합니다. 대신 지금 보이고 경험할 수 있는 것에 대해서만 말하도록 하겠습니다.

우리에게 중요한 것은 현재 여기에 존재하는 나의 신체와 정신(혹은 의식)입니다. 지금 내가 느끼고 경험할 수 있는 것은 바로 이것뿐입니다. 이것을 염두에 두고 이 장을 시작하면서 던졌던 질문을 여기에 대입하면 '현재 나를 이루고 있는 모든 것이 어디서 왔다가 어디로 가느냐'라고 요약할 수 있습니다. 여기서 우리는 다시 이 책의 앞부분에서 말한 카르마 법칙의 입장에서 이 문제에 접근할 필요를 느낍니다. 앞에서 무엇이라고 했습니까? 우리에게는 영혼이 있고 따라서 그 자연스러운 결과로 영혼들이 거주하는 세계가 있다고 했습니다. 우리는 이곳에 있다가 지상으로 환생하고 지상의 생활이 다 끝나면 다시 이 영혼들의 세계로 돌아갑니다.

이것을 다시 정리해보면, 카르마 법칙에 따르면 우리는 끊임없이 환생한다고 했습니다. 이번 생에 태어나기 전에 우리는 영혼의 상태로 영의 세계에 있었습니다. 그래서 '사람은 어디서 왔느냐'고 묻는다면 가장 간단한 대답은 '(우리가 원래 살던) 영혼의 세계에서 왔다'라고 하면 됩니다. 여기에는 어려울 것이 전혀 없습니다. 이것은 앞에서 밝힌 바라 새로운 것이 없습니다. 이 장에서는 그 설명을 더 발전시켜 우리가 거주하던 영의 세계가 어떤 곳인지에 대해 조금 더 상세하게 볼까 합니다.

이에 대한 설명은 앞에서 하지 않았는데 이 주제에 대해 가장 명확하게 밝힌 사람은 18세기 스웨덴에 살았던 신비가 스베덴보리(1688~1772)입니다. 이 분에 대해서는 워낙 잘 알려져 있어 더 이상의 설명이 필요 없을 겁니다. 그는 20여 년 동안 영혼으로 체외이탈해 천사들의 안내를 받아 영계의 곳곳을 다니고 그것을 기록으로 남긴 것으로 유명합니다. 그가 남긴 기록을 보면 그 정확함이 놀라울 지경입니다. 제가 보기에 다른 어떤 신비가도 스베덴보리의 영계 체험을 따라가지 못할 겁니다. 그 외에도 다스칼로스나 마르티누스처럼 영계를 제집 드나들 듯이 다녔던 분들의 설명도 참고해서 서술할 예정입니다.

여기서 우리는 인식의 대전환을 해야 합니다. 우리는 이 지상 생활에 너무나도 잘 적응한 나머지 이곳이 우리의 베이스캠프라고 생각하는 경향이 있습니다. 이곳을 본부처럼 느낀다는 것이지요. 그런데 선지자들의 견해는 반대입니다. 이 지상은 베이스캠프가 아니라 일정한 목적을 위해 잠시 머무는 곳이라는 것이 그분들의 견해입니다. 그러면 우리의 베이스캠프는 어디일까요? 바로 영혼들이 사는 세계이고 그중에서도 우리가 속해 있는 특정한 공간(?)이 그곳이라고 합니다. 선지자들에 따르면 우리가 지상에서의 삶을 마치고 영계로 들어가면 우리는 지상에 태어나기 전에 있었던 곳으로 자연스럽게 되돌아간다고 합니다. 그곳은 어떤 곳일까요? 그것도 아주 간단하게 알 수 있습니다. 그곳은 바로 나와 가장 비슷한 영혼들이 모여 있는 곳입니다. 다시 말해 영적인 수준이 같거나 매우 비슷한 영혼들이 모여 있는 곳이라는 것입니다.

지상의 세계도 그리 다르지 않지만 영혼들이 있는 세계는 철저하게 유유상종의 법칙에 따라 돌아간다는 것을 잊지 마시길 바랍니다. 이 점은 매우 중요한 점이라 강하게 유념할 필요가 있습니다. 우리는 앞으로도 이 개념을 가지고 많은 것을 설명할 수 있을 겁니다. 이것을 조금 더 구체적으로 말하면, 영혼들의 세계에서는 자신의 영혼과 같거나 비슷한 파동을 가진 영혼들끼리 모여 산다고 합니다. 이 원리는 한 번만 생각해보면 간단하게 알 수 있습니다.

우리의 영혼은 에너지체라 일정한 진동수를 지닌 파동으로 되어 있습니다. 이때 진동수가 높을수록, 즉 파동이 빠를수록 영적으로 성숙한 영혼이라고 할 수 있습니다. 그래서 그런 영혼들은 아주 밝은 빛을 냅니다. 그런데 파동이 빠르든 늦든 우리가 같이 있을 수 있는 영혼은 파동이 같은 영혼들입니다. 파동이 다르면 자연스럽게 척력이 생겨 같이 있을 수 없습니다. 이것은 지상에서도 통용되는 법칙입니다. 이 지상에서도 우리는 우리와 비슷비슷한 사람들끼리만 만나면서 살고 있지 않습니까? 영적인 수준이 차이가 크게 나는 사람은 잘 만날 수 없을 뿐만 아니라 혹여 만나게 되더라도 서로 밀어내서 곧 헤어지게 됩니다.

이 주제와 관련해서 제가 많이 드는 예가 있습니다. 여러분들은 조직폭력배를 만나 본 적이 있습니까? 이 책을 읽는 독자 중에는 아마 그런 분은 없을 겁니다. 그런데 우리는 영화나 드라마에서 얼마나 숱하게 조직폭력배를 보았습니까? 그래서 그런지 조폭이라고 하면 공연히 친근감까지 듭니다. 그러나 우리는 그들을 실제로 만난 적이 없습니다. 왜 이런 일이 벌어질까요? 아주 간단합니다. 그들과 우리는 영혼의 파동이 다르기 때문입니다. 그들은 그들과 비슷한 파동을 가진 사람만 만나기 때문에 그들이 우리를 만나는 일은 거의 일어나지 않습니다. 그래서 영화에서는 그렇게 자주 그들을 보더라도 실제 생활에서는 만날 기회가 없습니다.

이과 관련해서 스베덴보리는 재미있는 이야기를 하더군요. 그에 따르면 한평생을 같이 산 부부라도 영계에 들어왔을 때 헤어지는 일이 많답니다. 그들은 한평생을 부부로 살았으니 영계에서도 같이 있을 것 같은데 그렇지 않은 부부가 적지 않다고 합니다. 헤어져서 각기 자신이 원래 속해 있었던 영역으로 간다고 하네요. 그들이 지상에 환생하기 전에 있었던 공간 말입니다. 이것은 부부간에만 해당되는 것이 아니고 부모나 동기간에도 적용됩니다. 한평생을 가족으로 살았다고 해도 영계에서는 다른 공동체에 속하는 일이 있다고 합니다. 이번 생에는 이전 생의 카르마 때문에 가족이 되어 같이 살게 되었지만 원래는 다른 공동체에서 왔기 때문에 몸을 벗은 다음에는 각자의 길로 가는 것입니다.

이와 비슷한 맥락에서 원불교를 세운 소태산 선생은 이런 말을 했습니다. 즉 한 평생 부부로 산 것은 크게 보면 모르는 남녀가 하룻밤을 여관에서 동숙한 것과 다를 바가 없다고 말입니다. 이것 역시 참으로 재미있는 주장입니다. 부부는 일생을 같이 살았으니 대단한 인연 같은데 인간의 환생이라는 시각에서 보면 작은 사건에 불과하다고 하니 말입니다. 카르마 법칙에 따르면 우리가 수많은 생을 살았으니 한 생 정도는 별것 아니라는 투로 들립니다. 그래서 그 한 생에 맺은 인연 역시 그리 깊은 것은 아니라고 한 것입니다. 이번 한 생밖에 모르는 우리가 보기에는 이 같은 견해를 수용하기가 쉽지 않습니다마는 선지자들이 말한 것이니 믿어야 하겠지요?

스베덴보리는 우리가 몸을 벗은 다음 원래 있던 곳으로 가기 전에 중간 영역에서 휴식을 한다고 말합니다. 그렇게 쉬면서 지난 생을 회고하고 있으면 베이스캠프로 우리를 안내할 영혼이 온답니다. 이때 꼭 이렇게 안내 영혼이 필요한지는 모르겠지만 좌우간 스베덴보리의 설명에는 그렇게 나옵니다. 제 개인적인 생각에 영이 매우 높은 영혼들은 안내 영혼이 필요 없을 것 같습니다. 자기 고향으로 돌아가는 길은 누구보다도 그가 잘 알 터이니 그렇게 말할 수 있는 것입니다. 그러나 보통 영혼들은 영의 세계에 들어온 시간이 얼마 되지 않아 낯설 수 있으니 안내 영혼이 필요할지도 모르겠다는 생각이 듭니다.

그런데 그렇게 해서 자기가 속해 있던 공동체에 도착하면 아주 반가운 얼굴(영혼)들이 열렬하게 맞아준다고 하는군요. 그것은 지상에서 살 때 오랜만에 고향에 가면 고향의 친척들이 환대하는 모습과 비슷하다고 합니다. 그렇지 않습니까? 오랜만에 고향에 돌아가서 친척들과 재회하면 마음이 푸근해지고 편안해지는 그런 느낌을 갖게 되지 않습니까? 바로 이때 그런 감정이 생긴다고 합니다. 또 긴 여행을 마치고 돌아와서 마음이 더할 나위 없이 편해지는 느낌도 든다고 합니다. 그런데 재미있는 것은 나를 맞이하는 영혼들이 모두 내가 알고 있던 영혼은 아니라고 합니다. 처음 본 것 같은 느낌이 드는 영혼도 있다고 하네요. 그러나 그런 그들도 오랜 숙연이 있는 것처럼 아주 친숙하게 느껴진다고 합니다. 그들은 아마도 수많은 생을 같이 살았던 영혼인데 어떤 생에서 같이 살았는지가 잘 생각 나지 않아 다소 낯설게 느끼는 것은 아닌지 모르겠습니다. 그러나 이것도 복기해 보면 곧 알 수 있을 것입니다.

어떻든 우리는 그곳에서 충분히 쉬면서 이전 생에 쌓아왔던 카르마를 점검하고 미래의 계획을 세우는 등 앞으로 영적인 발전을 위해서 무엇을 할지에 대해 궁구합니다. 이곳이 어떤 곳인가 하는 것은 전적으로 해당 영혼의 영적인 수준에 달려 있습니다. 만일 이곳이 영적 수준이 높은 영혼들이 모여 있는 곳이라면 그곳은 천국과 같을 것입니다. 선하고 지혜로운 영혼들만 있을 테니 말입니다. 그렇지 않고 지상에서 욕심에 가득 찬 생활을 해 영적으로 하치의 생활을 한 사람들은 이 영계 공동체에서도 자기 욕심만 부리면서 다른 영혼과 경쟁을 할 것입니다. 그러면 이런 곳은 어떻겠습니까? 지옥까지는 아니더라도 지내기가 아주 불편하겠지요? 이런 식으로 영적인 세계에서는 주변 환경을 모두 자신이 만들어냅니다. 그래서 선하고 지혜로운 영혼들은 극히 아름다운 환경을 만들어내고 이기적이고 적의에 가득 찬 영혼은 음울한 환경을 만들어냅니다. 이에 대해서는 얼마든지 설명을 계속할 수 있는데 이미 저의 다른 졸저(『죽음의 미래』)에서 정리했으니 여기서는 이렇게만 이야기하겠습니다. 더 궁금한 분은 그 책을 참고하시기 바랍니다.

어떻든 우리는 이곳에 머물러 있다가 때가 되면 다시 지상으로 내려옵니다. 왜 내려오는지에 대해서는 앞에서 이미 설명했습니다. 지상에서 만든 카르마를 해결할 필요가 있을 때 내려온다고 말입니다. 이렇게 할 수 있는 여건이 준비되면 내려가는 것입니다. 그런데 이때 영혼들은 지상에 환생하는 것을 그리 좋아하지 않는다는 연구 결과가 있어서 우리의 시선을 끕니다. 이것은 연구라고 하기에는 조금 그렇지만, 헬렌 웸바흐(Helen Wambach)라는 사람이 역행 최면을 해서 발표한 것입니다. 그는 사람들을 체육관 같은 데에 모아놓고 집단최면을 한 것으로 유명한데 그의 책 『삶 이전의 삶』에 이 모습이 잘 나와 있습니다. 그에 따르면 그가 최면한 사람 중 80여%가 지상에 환생하기를 꺼렸다고 합니다. 다시 태어나기가 싫었다는 말입니다. 이것은 충분히 이해됩니다.

이것을 비유로 말해보면 여러분들이 훨씬 더 이해하기 쉬울 겁니다. 이것은 흡사 안온한 고향 집에서 잘 쉬다 서울이라는 살벌한 일터로 가는 것과 같다고 할 수 있습니다. 또 만일 이 지상을 지구 학교라고 한다면 이렇게 지상에 환생하는 것을 다음과 같이 생각해볼 수 있을 것입니다. 즉 긴 방학을 다 마치고 개학해서 다시 학교에 가는 심정이라고 말입니다. 여러분들도 학교 다닐 때 개학하는 날이 되면 가기 싫어했던 기억이 나지 않습니까? 아니면 꿀 같은 휴가를 마치고 부대에 돌아가는 장병의 심정이라고 할까요? 다시 군대로 돌아가서 빡센 훈련을 받을 생각하면 얼마나 발걸음이 안 떨어지겠습니까?

이 정도 설명이면 우리가 어디서 와서 어디로 가는지 그 대강의 사정은 아셨겠지요? 우리는 영혼들의 세계와 이 지상을 끊임없이 윤회하면서 사는 영적인 존재입니다. 노파심에 다시 말하지만 이때 유념할 것은 우리의 베이스캠프는 이 지상이 아니라 영혼들의 세계라는 점입니다. 우리는 본질적으로 영적인 존재라 영적인 성장이 가장 중요한 과제입니다. 이 지상에 오는 것도 바로 그 목적을 위해 오는 것입니다. 따라서 이 지상에서의 삶도 반드시 그 목적을 향할 수 있도록 디자인해야 합니다. 그래야 이 지상에 오는 횟수를 줄일 수 있으니 이 문제는 잘 생각해보시기 바랍니다.

어떤 사람은 시적인 표현을 빌려 지구에 태어난 것은 여행하러 온 것이라고 말하기도 합니다. 그래서 우리는 모두 '지구별 여행자'라고 하더군요. 표현은 멋진데 그렇게 생각하기에는 이 지상에서의 삶이 너무 힘듭니다. 그러나 이렇게 말하는 취지는 충분히 이해할 수 있습니다. 이것은 우리에게 여행자처럼 한 발짝 물러서서 관조하면서 살라는 것이겠지요. 그렇지 않습니까? 우리가 여행 가면 좋은 것 보고 즐기면서 천천히 다니려고 하지 일상생활을 사는 것처럼 아등바등하면서 다니지 않습니다. 이렇게 여행자처럼 살면 당연히 좋기는 한데 이것은 선업을 많이 쌓은 수준 높은 사람들이나 가능한 것 아닐까 합니다. 이 대목에서 박목월 시인의 시 '나그네'가 생각나는군요. "강나루 건너서 밀밭 길을 구름에 달 가듯이 가는 나그네, 길은 외줄기 남도(南道) 삼백리, 술 익는 마을마다 타는 저녁놀, 구름에 달 가듯이 가는 나그네"라는 시 말입니다. 이 시는 나그네의 초연한 심정을 보여주고 있습니다. 이렇게 사는 것이 쉽지 않은 일이지만 이런 시는 한번 읽는 것으로도 많은 위안이 됩니다.

이 대목에서 불현듯 장자가 말하는 대붕 이야기가 생각나는군요. 장자는 우리에게 대붕처럼 대범하게 살라고 가르치고 있습니다. 이 대붕은 '그 등 길이가 몇천 리인지 알 수 없고 한번 기운을 모아 힘차게 날아오르면 날개는 하늘에 드리운 구름 같았다'라고 하지요. 이렇게 큰 존재이니 하늘 높이 나르면서 아래를 크게 굽어봅니다. 이렇게 보면 지상에서 일어나는 웬만한 일들은 대수롭지 않아 그다지 신경을 쓰지 않습니다. 그런데 이 대붕은 비유적인 존재라 현실성이 없습니다. 그래서 저는 보다 실질적으로 하늘을 나는 독수리, 그중에서도 날개가 3m 이상이 되는 콘도르처럼 살자고 권유합니다. 페루의 산간에 그 큰 날개를 펴고 유유히 나는 콘도르처럼 이 세상을 크게 품으면서 살면 얼마나 여유롭겠습니까? 아니면 리처드 바크(Bach)의 소설 『갈매기의 꿈』에 나오는 주인공인 조나단 리빙스턴처럼 살자고도 합니다. 리빙스턴은 사람이 아니라 갈매기인데 이 새는 비행으로 초월을 꿈꿨던 매우 높은 영혼으로 묘사되고 있습니다.

위의 이야기가 말하는 취지는 다 같습니다. 이 답답한 지상에서 아등바등하지 말고 높은 곳에 있는 것처럼 세상을 굽어보면 자잘한 욕망에서 벗어나서 진실로 자유로운 존재가 될 수 있다는 것 말입니다. 이에 대해 좀 더 구체적인 예를 들어볼까요? 이 이야기는 제가 미국에서 대학원 다닐 때 중국 사상에 대해 가르치는 제 지도교수에게 들은 것입니다. 뉴욕에 사는 어떤 부부가 두 번째 차를 사면서 의견의 차이를 보였습니다. 남자는 하얀 색깔의 차를 사고 싶은데 여자는 빨간 색깔의 차를 사고 싶었던 것이지요. 이 두 사람은 자신의 의견을 강하게 내세운 나머지 합의를 이룰 것 같지 않았습니다. 그러자 옆에 있던 지인이 그러지 말고 저 마천루에 한 번 올라가서 보라고 합니다. 부부는 그 말을 듣고 마천루에 올라가서 까마득하게 보이는 지상을 바라보았습니다. 그랬더니 거기에는 빨간 차도, 하얀 차도 없었습니다. 너무 멀어서 차의 색깔 같은 것은 보이지 않고 그저 차만 보일 뿐이었습니다. 그때 그들은 자신들이 싸웠던 게 의미가 없다는 것을 깨달았습니다. 그리곤 곧 서로에게 양보하면서 '당신이 하자는 대로 하자'라고 합의를 봅니다. 이런 겁니다. 우리가 일상에서 멀리 떨어져서 보면 이처럼 한결 여유가 있고 자유롭게 될 수 있습니다. 그런데 말은 이렇게 쉽게 하지만 이렇게 살기는 쉽지 않다는 것을 잘 압니다. 그러나 적어도 이렇게 살려고 노력은 할 수 있는 것 아니겠습니까?

따라서 우리는 지상에 살면서 이 같은 자잘한 것에 신경 쓰지 말고 인간에게 가장 중요한 것에 대해 배워야 합니다. 이곳은 엄청나게 많은 것을 배울 수 있는 곳입니다. 우리가 이 지상에 얼마나 힘들게 태어났는데 별로 중요하지 않은 것에 시간을 낭비할 수 있겠습니까? 돈이나 권력, 쾌락만 추구하고 살기에는 우리의 인생이 너무 아깝습니다. 우리들은 마치 이 지상에 영원히 살 것처럼 욕망을 추구하고 삽니다. 그러나 카르마 법칙에 따르면 이 지상은 하나의 학교라고 했습니다. 학교는 졸업해야 의미가 있습니다. 졸업하지 않고 이 지상에 영원히 있겠다는 것은 어리석은 생각입니다. 여기서 많이 배우고 우수한 성적으로 졸업해야 더 좋은, 혹은 더 높은 곳으로 갈 수 있습니다. 그리고 거기서 또 좋은 배움을 이어갈 수 있습니다. 이것은 우리가 이 지상에서 살 때 공부를 잘해야 좋은 직장에 가는 것과 비슷하다고 할 수 있습니다. 우리는 어서 정신을 차리고 이 지상에 오지 않을 수 있는 방안을 생각해봐야 하겠습니다. 그런데 이왕 이 지상에 왔으면 적극적으로 공부하고 수행하고 즐기면서 살았으면 좋겠습니다. 여기서 특히 중요한 것은 즐겁게 살아야 한다는 것입니다. 이 점을 꼭 유념하시기 바랍니다.

"내가 전생에 무슨 죄를 지었길래 (이런 일을 당할까)?"

이런 푸념은 우리 주위에서 많이 듣는 표현입니다. 이와 비슷한 표현으로 어떤 사람이 뜻하지 않은 행운을 얻게 되면 '(저 사람은) 전생에 나라를 구했나?'와 같이 말하는 경우를 들 수 있습니다. 또 어떤 사람이 크게 잘못하면 '(저 사람은) 자기가 한 일에 대해 업보를 받을 것이다'와 같은 말을 종종 합니다. 여기서 말하는 업보는 원인(카르마)과 결과를 의미하는데 정확히 하면 과보라고 하는 게 맞습니다. 어떻든 이런 표현들은 모두 인간은 환생한다는 신념을 전제로 하고 있다는 생각이 듭니다.

한국인들이 이런 표현들을 일상적으로 사용하는 것은 불교를 1,600년 이상 신봉했기 때문일 겁니다. 불교적인 신념들이 일상용어에 스며들어 한국인들이 자기도 모르게 사용하고 있다는 것이지요.

그런데 그런 한국인들에게 전생이나 내생 등과 관계해서 인간이 환생한다는 교리를 믿느냐고 물어보면 그렇다고 말하는 사람이 별로 없는 것 같습니다. 이것은 한국인들이 그동안 유물론적인 현대 교육을 받은 탓이 아닌가 합니다.

그런데 앞에서 말한 표현들이 틀린 것은 아닙니다. 전생에 잘못을 저지르면 이번 생에 그에 상응하는 과보를 받을 수 있습니다. 카르마 학에서는 단지 과보를 받는다고 하지 벌을 받는다고 표현하지 않습니다. 그런데 사람들은 전생에 잘못된 짓을 하면 징벌을 받는다는 식으로 말을 많이 합니다. 그런 믿음과는 달리 카르마 법칙은 매우 공정합니다. 카르마 법칙이 우리에게 전하고 있는 것은 도덕적으로 바르게 살라는 것입니다. 그래서 앞에서 카르마 법칙은 도덕적인 인과율이라고 한 것입니다.

이 법칙의 운용은 아주 간단합니다. 어떤 사람이 도덕적으로 그릇된 일을 하면 카르마 법칙은 그에게 고통을 가해 언행을 교정하도록 도와줍니다. 이렇게 카르마 법칙이 인간에게 고통을 주는 것은 인간이 미워서 그러는 것이 아닙니다. 그보다는 인간에게 그가 가야 할 정상적인 코스를 회복하라고 알려주는 것입니다. 만일 인간이 고통을 겪지 않으면 그는 그 일이 잘못된 것인지 모르고 계속해서 그 일을 할 것입니다. 그렇게 되면 그의 인간성은 계속해서 황폐해질 겁니다. 나중에는 정상으로 돌아오지 못할 지경에 이를 수도 있습니다. 카르마 법칙은 바로 이런 일이 생기는 것을 막기 위해 작동하는 것입니다.

만일 카르마 법칙이 이런 식으로 작동한다는 법칙을 수용한다면 그런 사람은 윤리적으로 그릇된 일을 할 수 없게 됩니다. 외부에서 주입된 윤리 의식 때문에 그릇된 일을 하지 않는 것이 아니라 자연스럽게 잘못된 일을 하지 않게 됩니다. 다른 말로 표현하면 내재적인 양심이 형성된다고 할 수 있지요. 다른 사람이나 기관이 부과하지 않은 내면적인 양심이 만들어진다는 것입니다. 따라서 이런 사람들은 어떤 나쁜 짓도 할 수 없습니다. 나쁜 짓을 하기는커녕 생각조차 하지 않습니다. '나쁜 짓을 하지 말아야지' 하는 정도가 아니라 그런 것에는 아예 관심도 없고 다른 사람을 어떻게 하면 진정으로 도울 수 있을까만 생각합니다.

이 대목에서 완전 범죄가 생각나는군요. 사람들은 완전 범죄가 가능하다고 생각하는 것 같습니다. 그러나 그것은 사법적으로 그렇다는 것이고 카르마 법칙의 입장에서 보면 완전 범죄 같은 것은 존재할 수 없습니다. 이유는 간단합니다. 아무도 모르는 일이라 할지라도 나쁜 짓을 하면 내 (무)의식에 저장되어 나중에 카르마 법칙에 의해 응징받게 된다는 것을 알기 때문입니다. 그 자연스러운 결과로 카르마 법칙을 아는 지혜로운 사람은 완전 범죄를 인정하지 않습니다. 세상의 법망을 다 피해 가서 자신에게 어떤 해가 오지 않더라도 이 사람은 그릇된 일을 하지 않는다는 것입니다.

독자들의 이해를 돕기 위해 비근한 예를 들어볼까요? 최근 보이스피싱(전화금융사기) 범죄가 엄청나게 창궐하고 있습니다. 이 범죄는 국제적인 규모로 벌어져 범인 잡기가 대단히 어렵습니다. 또 범인을 잡아본들 빼앗긴 돈을 회수하는 일 역시 어렵습니다. 이 범죄로 빼앗기는 돈이 한 사람당 수백 수천만 원이 되니 그 피해 액수가 엄청납니다. 그런데 범인들은 자신들이 잡히지 않으니 그들은 완전 범죄를 저질렀다고 생각할 겁니다. 그러나 카르마 법칙의 입장은 그렇지 않습니다. 카르마 법칙은 공정하다고 했습니다. 이 범인들에게는 반드시 과보나 응징이 부과됩니다. 따라서 이 범죄자들은 남들에게 했던 것과 똑같은 일을 겪을 것입니다. 이 자들은 언제가 될지 모르지만 피해를 준 돈과 같은 액수를 빼앗긴다거나 자신의 눈에서도 피눈물이 나는 일을 겪게 될 겁니다. 이것이 카르마 법칙의 정의(正義)입니다. 물론 이것은 직접적인 과보를 받을 때의 일입니다. 만일 범죄자가 간접적인 과보를 받는다면 다른 식으로 나타나는데 그것에 대해서는 나중에 다루기로 하고 여기서는 이해하기 쉽게 직접적인 과보에 대해서만 보겠습니다.

이때 받는 직접적인 과보는 그다지 어렵지 않게 상상할 수 있습니다. 우리 주위에 이런 사람들이 있지요? 아니면 우리 자신이 비슷한 일을 겪을 수도 있습니다. 하는 사업마다 사기당해 가진 돈을 모두 날리고 알거지가 되는 경우 말입니다. 혹은 남의 보증을 잘못 서서 수억 원의 빚을 지는 사람도 있습니다. 아니면 남에게 거액의 돈을 빌려주었다가 못 받는 일도 있습니다. 또 조희팔 같은 사기꾼에게 속아 잘못 투자해 엄청난 돈을 날려 보낸 경우도 많이 보셨을 겁니다. 이런 경우가 모두 전생에 잘못해서 일어난 사건이라고 볼 수는 없습니다.

그러나 그중에 어떤 사례는 이전 생 언젠가 다른 사람의 돈을 불법으로 취한 카르마로 그 과보를 받는 경우라고 할 수 있습니다. 이처럼 우리가 인생을 살면서 내가 아무 잘못도 하지 않았는데 큰 피해를 입는 일이 있다면 그것은 이전 생에 내가 잘못한 대가를 치른다고 생각하면 되겠습니다. 만일 이렇게 생각한다면 억울하다는 생각이 많이 누그러지겠지요? 그리고 다시는 다른 사람의 돈을 불법적으로 뺏는 일을 하지 않겠다는 다짐도 할 수 있겠고요. 이처럼 카르마 법칙은 우리가 지난 과오를 인정하고 더 이상 같은 잘못을 저지르지 않게 도와줍니다.

그런데 이렇게만 보면 흡사 카르마 법칙이 징벌만 내리는 법칙처럼 보입니다. 다시 말하지만 카르마 법칙은 징벌만 내리는 법칙이 아닙니다. 카르마 법칙은 공정하다고 했습니다. 따라서 반대의 경우도 얼마든지 가능합니다. 사람이 도덕적으로 좋은 일을 하면 카르마 법칙은 그에 대해 좋은 과보를 선사하면서 그를 북돋아 줍니다. 앞으로 더 도덕 연마에 힘써 하루빨리 도덕적 완성을 거두라는 의미에서 그렇게 하는 것입니다.

예를 들어 우리가 살다 보면 예기치 않은 행운을 만나게 되는 경우가 있습니다. 만일 생각하지 못했던 돈이 생긴다면 그런 돈은 전생과 관계될 수 있습니다. 예를 들어 내가 전생에 어떤 사람에게 되받을 생각하지 않고 돈을 지원해서 그 사람이 큰돈을 벌었다고 합시다. 이럴 경우 그 생에 과보를 받지 않는다면 정확하게 언제가 될지 모르는 다음 생 언젠가 그 과보를 받게 됩니다. 그래서 그 생에 한 일과 관계없이 뜻하지 않은 돈이 생긴다면 전생의 일과 관련이 있을 것이라고 추측할 수 있습니다. 대표적인 게 복권에 당첨된다거나 어떤 추첨 행사에 응모했다가 자동차 같은 고가품을 상품으로 받게 되는 경우가 그것입니다. 이렇게 해서 생긴 돈은 이번 생에 내가 노력해서 얻은 게 아니지 않습니까? 특히 복권에 당첨되는 것은 이번 생에 생기는 일로는 설명이 안 됩니다. 그야말로 횡재이기 때문입니다. 그러나 카르마 법칙의 입장에서 보면 우연히 얻은 횡재가 아닐 겁니다. 이런 경우 역시 우리가 이전 생 언젠가 이처럼 큰돈을 획득할 수 있는 카르마를 지었을 것으로 추측해볼 수 있습니다.

그런가 하면 우리는 지인으로부터 전혀 생각하지도 못한 도움을 받는 경우가 있습니다. 예를 들어보겠는데 이것은 지어낸 이야기가 아니라 실화입니다. 어떤 사람이 사업에 크게 실패해 자살까지 생각하고 있었는데 평소에 알고 지내던 사람이 느닷없이 작은 가게라도 해보지 않겠느냐고 장소를 제공해줍니다. 그래서 그는 물에 빠져 지푸라기라도 잡는 심정으로 그곳에서 한 번도 해보지 않았던 칼국수 전문 식당을 해서 큰 성공을 거둡니다, 그러자 이번에는 호텔을 강제로 떠맡게 되어 또 크게 성공합니다. 이 일을 안긴 사람은 처음에 그에게 식당 경영을 제안한 그 사람입니다. 그 사람 덕에 모든 것이 풀려나가기 시작했습니다. 명리학에서는 이런 사람을 귀인이라고 부릅니다. 사주점 같은 것을 보면 '동쪽으로 가면 귀인을 만난다'와 같은 문구가 나오지요? 바로 이 귀인이 한 사람의 운명을 바꾸는 사람인데 여기에 또 묘한 카르마 법칙이 숨어 있습니다. 카르마 법칙의 입장에서 보면 당사자는 분명 이전 생 언젠가 이 은인을 크게 도와준 일이 있을 가능성이 큽니다. 그래서 이번 생에 이런 식으로 보답을 받은 것입니다. 이 사건에는 다른 해석도 가능하지만 이렇게 설명하는 것이 가장 무난한 방법이라고 할 수 있습니다.

이 같은 경우를 설명할 수 있는 재미있는 실례를 하나 더 들어봅니다. 이것은 검증할 수 있는 것은 아니니 그냥 재미 삼아 들어보시기를 바랍니다. 그 유명한 정주영 회장의 전생에 관한 일화입니다. 이것은 벵슨이라는 미국인이 쓴 『유명한 사람들의 전생 이야기』이라는 책에 나오는 내용입니다. 벵슨에 따르면 정 회장은 언제인지 확실하지 않지만 전생에 중국 광동성에서 장사를 크게 한 적이 있다고 합니다(그런가 하면 태국에서 살던 전생도 있었는데 그때는 쌀장사를 크게 했다고 합니다). 그런데 그때 중국에 진출하기 시작한 영국 상인에게 큰 도움을 베풀었다고 합니다. 이 인연은 이번 생으로 이어졌습니다. 정 회장이 1971년에 현대조선소를 처음으로 건설하려 할 때 그에게 돈을 빌려줄 은행은 국내외에 하나도 없었습니다. 그런데 그때 영국 은행에서 돈을 빌려주어 정주영은 조선소를 건설하는 데에 성공합니다. 이때 인구(人口)에 많이 회자(膾炙)되는 이야기가 있지요? 정 회장이 영국 은행 관계자에게 거북선이 그려져 있는 5백 원권 지폐를 보여줬다는 이야기 말입니다. 정 회장의 속셈은 한국은 수백 년 전부터 이렇게 배를 잘 만드는 국가이니 안심하고 자신에게 돈을 빌려달라는 것이었겠지요.

그런데 상식적으로 생각해보십시오. 어떤 은행이 그까짓 지폐 하나 보여준다고 거금을 빌려주겠습니까? 이것은 카르마 법칙으로 해석해야 설명이 가능할 것 같습니다. 아마도 은행 관계자는 무의식적으로 정 회장이 전생의 은인이라는 것을 알아챘던 것 같습니다. 그러니 선뜻 돈을 빌려준 것이지요. 숙연(宿緣)의 인물이 오니까 따지지 않고 대출해준 겁니다. 그렇게 생각하면 이 5백 원권 지폐는 조연에 불과한 것이라는 것을 알 수 있습니다. 그러나 중요한 조연이지요.

이때 이 영국 은행 관계자는 정 회장이 보여준 한국 지폐에 감동 받아 대출을 수락했다고 하겠지요. 그러나 그것은 돈을 꾸어줄 '핑계'에 불과한 것입니다. 혹은 무의식에 있는 정보에 접속할 수 있는 '방아쇠' 같은 것이라고도 할 수 있습니다. 이 영국인의 무의식에서는 이전에 정 회장에게 전생의 빚을 갚아야겠다는 심산이 서 있었을 겁니다. 이것은 무의식에서 벌어지는 일이니 그 영국인 자신도 몰랐을 것입니다.

그런데 이 강의를 준비하면서 다시 한번 조사해보니까 위의 이야기는 신화에 가까운 것이더군요. 저렇게 극적으로 간단하게 진행된 게 아니었어요. 실제는 이랬다고 합니다. 정 회장이 500원짜리 지폐를 보여준 것은 은행 관계자가 아니라 해양 엔지니어링 회사의 회장인 롱바톰이라는 사람이었다고 합니다. 이 사람이 지폐를 본 후 마음을 크게 내어 은행에 추천서를 써주는 등 현대를 많이 도와주었다고 합니다. 그 외에도 현대가 회사 차원에서 많은 준비와 노력을 기울여 돈을 빌릴 수 있었다고 합니다. 그러니까 은행 관계자가 지폐를 보고 돈을 덥석 빌려준 게 아니라는 것이지요.

이렇게 보면 전생에 정 회장에게 빚진 사람은 은행 관계자가 아니라 해양 엔지니어링 회사의 회장이 아닐까 합니다. 이렇게 등장하는 사람은 달라질 수 있지만 메시지는 같습니다. 좋은 과보를 위해서는 선인 혹은 선업을 많이 심어야겠다는 것 말입니다. 나중에 또 말할 기회가 있는데 이전에 걸인들이 '적선합쇼'할 때 적선이 바로 선업을 쌓는 것을 말합니다. 이렇게 직접 선한 행동을 하는 것이 최상이지만 만일 이게 안 되면 좋은 생각이라도 하면 좋겠습니다. 카르마 법칙은 조금도 빈틈없이 모든 것에 대해 결과를 가져오기 때문입니다.

이상이 카르마 법칙이 운용되는 모습인데 다시 한번 환기하고 싶은 점이 있습니다. 그것은 자신이 타인에게 해코지당할 때 복수하려는 생각을 갖지 말라는 것입니다. 만일 내가 남으로부터 어떤 해코지를 당한다면 많은 경우 그것은 내가 이전에 나쁜 짓을 한 결과일 수 있습니다(물론 얼마든지 다른 경우도 있을 수 있습니다). 그러니 그 과보를 당연히 받아야 하겠지요. 그런데 그렇게 하지 않고 복수의 마음을 갖고 실행에 옮긴다면 이것은 다시 카르마(원인)가 되어 언젠가 그에 상응하는 과보를 받게 됩니다. 그러나 만일 이 같은 카르마 법칙의 실상을 알고 더 이상 복수의 마음을 갖지 않는다면 당신은 그 카르마에서 자유롭게 됩니다.

이것을 거꾸로 상대방의 입장에서 볼까요? 이번 생에 나를 해코지한 사람은 비록 이전 생에 내게 당했던 일을 나에게 갚는 일을 한 것이지만 그는 그럼으로써 또 나쁜 카르마를 쌓은 것이 됩니다. 그러면 그 카르마는 그의 무의식에 고스란히 저장되고 반드시 나중에 나쁜 결과를 가져올 겁니다. 그런데 이와 달리 나는 다행스럽게 이번에는 그를 향해 복수하는 마음을 가지지 않았습니다. 그런 경우 그의 나쁜 카르마는 어디로 갈까요? 그냥 없어지는 걸까요? 그렇지 않습니다. 한번 생긴 카르마는 없어지지 않습니다. 그는 이 카르마에 대한 과보를 나로부터 받지는 않습니다. 왜냐하면 내가 직접 나서서 복수하려는 부정적인 마음을 갖지 않았기 때문입니다. 그는 자신이 지은 카르마에 대한 과보를 다른 사람으로부터 받게 될 확률이 높습니다. 만일 그렇게 된다면 어떤 식으로 받게 될까요?

　이 과정을 추정해보지요. 여러 가능성이 있을 텐데 저는 그중의 하나만 말해보겠습니다. 그가 이처럼 나쁜 카르마를 갖고 살다가 이 카르마와 파동이 비슷한 카르마를 가진 사람을 만나는 경우가 생길 수 있습니다. 그러면 유유상종이라고 그 두 사람의 카르마는 주파수가 통하니 상응하면서 작동할 것입니다. 그러면서 두 사람 사이에 안 좋은 일이 생겨날 겁니다. 그런데 그때 겪는 불행은 배가될 수 있습니다. 나의 나쁜 카르마와 상대방의 나쁜 카르마가 동시에 움직이니 말입니다. 왜 그런 경우 있지 않습니까? 불행이 갑자기 쓰나미처럼 닥치는 경우 말입니다. 불행 하나가 지나가면 또 하나가 오고, 그게 지나가면 또 다른 불행이 덮치는 경우 말입니다. 이렇게 불행이 마구 몰려오는 것은 아마도 여러 개의 부정적인 카르마가 한꺼번에 터지면서 생기는 일일 겁니다.

　만일 이런 생각에 동의한다면 여러분은 아무리 어려운 일을 당해도 앙갚음하려는 생각을 갖도록 노력해야 합니다. 앙갚음은 미래에 또 다른 앙갚음을 가져온다는 것을 알기 때문입니다. 그런데 그렇다고 해서 아무것도 하지 않고 그냥 지나치라는 것은 아닙니다. 이런 경우 우리는 법을 이용할 수 있습니다. 내가 앙갚음하는 것이 아니라 법을 활용해 처리하면 나는 카르마를 만들지 않으면서 상대방을 응징할 수 있습니다. 그래서 그런지 현대 법체계에서는 개인적인 복수를 금지하고 있는데 이것은 적절한 조치로 생각됩니다.

"이 새파랗게 젊은 놈이.."

여러분들은 '이 새파랗게 젊은 놈이 어느 안전(眼前)이라고 까불어?'와 같은 말을 들어보셨지요? 요즘은 조금 듣기 어렵습니다마는 이전에는 많이 쓰던 표현이었습니다. 그러나 지금도 '나이도 어린 게 뭘 안다고 나대?'와 같은 말은 많이 들어보셨을 겁니다. '호적등본에 잉크도 안 마른 놈이 어디서 설쳐' 같은 것도 동일한 내용을 가진 문구입니다. 이런 표현들은 아직도 유교적인 가치관을 고수하고 있는 한국 사회에서 접할 수 있는 것들입니다. 이것은 물론 유교의 생활 윤리인 '장유유서'에서 비롯된 것입니다. 잘 알려진 것처럼 유교에는 맹자가 제정한 오륜(五倫)이라는 사회적 가치가 있습니다. 이 가운데 한국 사회에서 아직도 지켜지고 있는 것은 '부자유친'과 '장유유서'입니다. 그중에서도 장유유서는 한국인들이 아직도 철저하게 지키는 윤리입니다.

이 같은 사회적 풍조 때문으로 생각되는데 한국인들은 사람을 처음 만나면 나이를 따져 아래위를 나눈 다음 존대어와 반말을 구별하여 사용하는 경우가 많습니다. 그러면서 항상 나이가 많은 사람이 양자 관계에서 우위를 점하려고 합니다. 그 때문에 한국인들은 싸울 때도 자신이 조금 불리해지면 나이로 상대방을 누르려는 시도를 많이 합니다. '새파랗게 젊은 놈'이라든가 '나이도 어린 게'와 같은 표현은 이럴 때 나오는 것입니다.

그런가 하면 한국인들은 나이가 많은 사람을 무조건 우대하는 경향이 있습니다. 이러한 태도에는 나이가 한 살이라도 많은 사람은 세상을 더 살았으니 아는 게 많고 더 똑똑할 것이라는 가정이 암묵적으로 깔려 있는 것 같습니다. 나이가 많은 사람이 인생 경험이 많아 정신적으로 더 어른스럽다는 것이지요. 그래서 유교에서는 나이가 적은 아우는 나이가 많은 형(혹은 언니)에게 무조건 복종하라고 가르쳤던 것일 겁니다. 이것을 한 단어로 표현하면 제(悌)가 되고 이 제는 유교의 가장 기본적인 덕목입니다. 그래서 맹자가 '공자의 가르침은 효제(孝悌)가 핵심을 이룬다'라고 한 것입니다. 그 자연스러운 결과로 유교를 맹종했던 한국인들은 지금도 이 가르침을 별생각 없이 따르고 있습니다.

그러나 카르마 법칙의 입장에서 보면 이렇게 인간을 나이라는 물리적인 조건으로 상하를 나누는 것은 어불성설입니다. 너무도 불합리한 태도입니다. 카르마 법칙을 제대로 따른다면 어떤 사람을 대할 때 그의 육체적인 나이를 가지고 판단해서는 안 됩니다. 대신 그의 영혼이 지닌 순수함과 지혜로움의 정도 혹은 그 수준을 가지고 파악해야 합니다. 그러니까 영혼(의 영성)이 얼마나 진화됐는가를 가지고 사람을 대해야 한다는 것입니다. 우리는 모두 나이와 관계없이 자기 나름의 영적인 수준을 갖고 있습니다. 아무리 나이가 많아도 영혼의 수준이 형편없는 사람이 있는가 하면 나이가 어려도 영적인 수준이 높은 사람이 있습니다. 그래서 우리는 타인을 대할 때 결코 나이를 가지고 구분해서는 안 됩니다.

그런데 우리는 타인의 영적인 수준이 어떤지 잘 모르는 경우가 많지요? 이것을 판단하는 것은 그리 쉬운 일이 아닙니다. 따라서 우리는 일단 서로를 평등하게 대해야 합니다. 나이가 많다고 무조건 우대한다거나 나이가 어리다고 낮추어 보는 식의 태도를 취하지 말자는 것입니다. 그렇게 되면 '새파랗게 젊은 놈이'라든가 '나이도 어린 게' 혹은 '까마득한 후배 주제에'와 같은 말이 나올 수 없습니다. 그래서 저는 평소에 한국어 사용에서 반말, 즉 낮춤말을 가능한 한 쓰지 말자고 주장해왔습니다.

한국 사회에서는 사람들이 이 반말 때문에 권위주의적인 관계가 조장되어 왔습니다. 그럼으로써 사람들이 서로를 평등하게 대해야 한다는 사실을 잊어버리게 됩니다. 언어는 존재의 집이라는 말도 있지 않습니까? 말을 바꾸면 삶의 양태가 확 바뀝니다. 한국인이 모두 존대어만 쓴다면 사회 분위기가 일신될 겁니다. 사실 이것은 이미 소파 방정환이나 그의 선배인 소춘 김기전 선생이 했던 일입니다. 독자 여러분들은 소파가 어린이 운동을 '인류 역사상' 처음으로 했다는 사실을 알고 있을 겁니다. 그런데 소춘 선생은 금시초문이지요? 이분은 소파의 선배로서 소파보다 더 앞장서서 어린이 운동을 주도했던 분입니다. 그런데 이 분이 우리에게 잘 알려지지 않은 것은 월북하는 바람에 남한에서는 아예 잊힌 존재가 되어버렸기 때문입니다. 이 두 분에 대해서 할 말이 많지만 갈 길이 머니 예서 그치겠습니다. 이 두 분은 만나는 사람들 모두에게 존댓말을 쓴 것으로 유명하지요. 그런데 방정환 선생은 자식들에게는 반말을 썼다고 합니다. 반면 김기전 선생은 자식들에게도 존대어를 썼다고 하니 이 분의 영적인 수준이 얼마나 높은지 알 만합니다.

다시 우리의 주제로 돌아가서, 그러면 어떤 영혼이 성숙된, 혹은 진보된 영혼이라고 할 수 있을까요? 그러니까 영혼의 성숙도를 어떻게 판별하느냐는 것입니다. 여기에도 많은 사람이 여러 가지 설을 주장했습니다. 예를 들어 『영혼들의 여행』이라는 책으로 유명한 마이클 뉴턴 같은 사람은 영혼의 수준을 여러 단계(갓난아기 영혼, 유아 영혼, 성숙한 영혼, 오래된 영혼 등)로 나눕니다. 그리고 단계마다 영혼들이 고유의 색깔을 지니고 있다고 주장합니다. 여기서 이런 것들을 상세하게 설명할 필요는 없을 겁니다. 대신 저는 이것을 매우 단순하게 다음과 같이 나누어보려고 합니다. 즉, 그저 어린 영혼(young soul)과 오래된 영혼(old soul), 이렇게 둘로만 나누려고 합니다. 물론 이 안에는 여러 가지 중간 단계가 있습니다만 이렇게 간단하게 보는 것이 우리의 빠른 이해를 도울 것입니다.

그러면 한 영혼의 성숙도를 어떻게 판가름할 수 있을까요? 여기에도 많은 방법이 있겠지만 저는 이번에도 아주 간단한 방법을 택해서 보려고 합니다. 인간은 성숙할수록 자기의 외연이 확장된다는 것이 그것입니다. 이게 무슨 말인가 하면, 미성숙한 영혼일수록 자기만 알고 자기만 위해 사는 것에 비해 성숙한 영혼들은 자기를 넘어서 다른 사람들뿐만 아니라 다른 사물에 관해서도 관심을 표하고 배려하는 마음을 갖는다는 것입니다. 쉽게 말해 이타심이 생긴다는 것이지요. 이처럼 사람은 성숙할수록 자기의 범위가 넓어집니다. 이것은 우리가 태어나서 성장하는 과정과 비슷합니다. 대부분의 우리는 어릴 때에는 자기 자신밖에 모릅니다. 이것이 가장 미성숙한 상태이지요. 그러다 초등학교 고학년쯤 되면 다른 사람의 처지를 생각하고 배려하는 마음을 갖기 시작합니다. 어른이 되기 시작하는 것입니다.

그러다 사춘기나 청년기가 되면 자기 주변을 넘어서 불특정 다수의 사람들에 대해 생각하게 됩니다. 그래서 이때부터는 사회의 부조리나 불평등 등에 대해 관심을 갖기 시작합니다. 생각하는 범위가 주변에서 사회로 확장된 것이지요. 이때 말하는 사회는 주로 자신이 살고 있는 국가 공동체에 한정되는 경우가 많습니다. 자신이 국가 공동체의 일원으로서 무엇을 해야 되는지, 또 이 공동체를 위해 나는 무엇을 해야 하는지, 더 나아가서 국가 공동체의 의미는 무엇인지와 같은 문제를 진지하게 생각하는 단계입니다. 그저 '내 나라니까 좋다'라는 것이 아니라 국가라는 인간 공동체에 관해 비판적인 사고를 하는 것을 말합니다.

우리는 여기서 성숙을 멈추지 않습니다. 이 단계에서 한 단계 더 전진한 사람은 세계, 즉 인류 공동체를 생각하기 시작합니다. 자신이 배려하는 범위가 국가에서 세계로 넓어진 것이지요. 자신의 외연이 세계로 확장된 것입니다. 이 단계에 이르면 세계 전 지역에서 일어나는 전쟁이나 재난, 경제 위기, 테러 등에 대해 비상한 관심을 갖고 이 주제에 대해 스스로 공부도 하고 주변 사람들과 심각하게 토론도 합니다. 그런데 이 단계에 오른 사람들이 공통적으로 갖는 관심이 있습니다. 바로 생태계 문제입니다. 잘 알려진 것처럼 지금 지구는 인간의 이기적인 욕심 때문에 마구 유린당해 매우 심각한 상태에 있습니다. 온난화 문제가 그것인데 이제 인류에게는 남은 시간이 별로 없습니다. 앞으로 기온이 1~2도만 올라가면 지구는 끝입니다. 아니 인류가 끝이겠지요. 이 위기에 대해서는 잘 알려져 있으니 더 이상 언급하지 않겠습니다.

그런데 놀라운 것은 주위에서 이 문제에 관심 있는 사람을 발견하기가 쉽지 않다는 것입니다. 문제가 이렇게나 심각한데 말입니다. 코로나19 바이러스처럼 실제로 엄청난 위협이 가해졌는데도 아직도 사람들은 환경 문제를 심각하게 받아들이지 않습니다. 대신 여전히 돈 때문에 씨름하느라고 바쁩니다. 그러나 영적으로 성숙한 사람들은 다릅니다. 그들은 주위 환경에 아주 예민하기 때문에 지구 환경이 이렇게 극악하게 바뀐 것에 대해 비상한 관심을 갖습니다. 그리고 이 상황을 이해하기 위해 나름대로 공부를 합니다. 그들은 여기서 그치지 않습니다. 내면이 진실하게 성숙한 사람은 반드시 행동으로 옮깁니다. 탁상공론에 빠지지 않는다는 것이지요. 그래서 자신이 할 수 있는 일을 찾아보고 그것을 실행에 옮깁니다. 만일 어떤 사람이 이 상황에 대해 인식만 하고 아무 행동도 하지 않는다면 그런 사람은 진정한 의미에서 성숙한 사람이라고 할 수 없습니다. 진정으로 성숙한 사람은 내면이 사랑으로 가득 차 있고 그것을 반드시 실행에 옮기는 사람입니다.

이 문제와 관련해서 주제넘게 제 생각을 말해볼까 합니다. 저는 이 환경 문제가 인류의 과소비 때문에 일어난 일이라고 생각해 이 문제를 풀기 위해 제가 무엇을 할 수 있는지 알아보았습니다. 그래서 어쭙잖게 훌륭한 분들의 흉내를 낸답시고 소비를 최소한으로 줄여보려고 시도했습니다. 그 일환으로 먼저 차부터 없앴습니다. 이 작은 몸뚱이 하나 움직이는 데 그 큰 철 덩어리 기계가 움직이는 게 비정상이라고 생각했기 때문입니다. 그래서 대부분 대중교통만 이용했습니다. 그리고 아무리 세일을 해도 물건은 가능한 한 사지 않기로 굳게 마음먹었습니다.

그런가 하면 몸을 청결하게 유지하는 데에는 비누 하나면 충분하다고 생각해 샴푸니, 린스니 하는 것을 일절 쓰지 않았습니다. 이것은 제가 여행 가서 호텔에 묵을 때도 마찬가지였습니다. 욕실에 즐비한 샴푸나 린스 등에는 손도 대지 않았고 수건도 작은 세수수건 하나만 썼습니다. 집에서 하는 그대로 했던 것이지요. 그러니 샤워하고 난 다음에 쓰는 큰 수건은 아예 처음부터 쓰지 않았습니다. 이것은 세탁을 가능한 한 줄여보자는 심산 때문에 행한 일입니다. 잦은 세탁도 환경 오염에 한 역할을 하기 때문입니다. 그래서 저는 호텔에 가도 가운을 입지 않습니다. 그런 거 입지 않아도 객실 생활하는 데에 문제가 없기 때문입니다. 그 두꺼운 면 가운을 세탁할 때를 생각하면 내가 안 쓰는 게 낫다고 생각합니다. 그런가 하면 저는 얼굴이나 손을 씻고 로션 같은 것을 발라본 적이 없습니다. 로션 바르는 것은 자연을 모독하는 것이라는 말과 함께 말입니다. 우리의 피부는 가만 놔두면 자연이 알아서 잘 보호해 줄 터인데 왜 쓸데없이 인간이 공장에서 만든 약을 바르냐는 것이지요. 로션을 바르지 않아도 제 피부는 나쁘지 않습니다. 이런 예를 계속해서 나열할 수 있지만 '구질구질한' 것 같아 여기서 그치는 게 낫겠습니다.

사실 내가 이렇게 유난 떨며 '악악'대봐야 환경 문제 해결에 별 영향을 주지 못할 텐데 왜 이러나 하는 자괴감을 갖기도 합니다. 그러나 인류가 대면한 환경 위기를 생각하면 아무 일도 하지 않고 있을 수 없어 이렇게라도 발악을 해보는 것입니다. 그러나 크게 역부족을 느끼는 것이 사실입니다. 제 생각에 이 환경 위기를 극복하려면 인류가, 특히 잘 사는 나라에 사는 인류가 지금의 소비 수준을 반 이하로 내려야 할 것 같은데 이게 가능할지 모르겠습니다. 이런 일이 일어나려면 인류가 현재 지니고 있는 산업 체제나 정치 체제, 경제 체제 등에 대혁신이 일어나야 하는데 이게 단 기간 내에 가능할지 심히 의심됩니다. 이 점에 대해서는 제가 지영해 교수라는 분과 같이 쓴 『외계지성체의 방문과 인류 종말의 문제에 관하여』에 자세히 적어 놓았으니 궁금한 분은 그 책을 참고하시기 바랍니다.

그런데 우리 주위에 지구 환경을 진정으로 생각하는 성숙한 사람을 찾기 힘들지요? 물론 환경 운동하는 사람들이 있기는 합니다. 그러나 많은 경우 그들은 관습적으로 시민운동을 하는 것으로 보입니다. 환경에 대한 생각이 철저하게 내면화되어 자신의 양심에 따라 활동하는 것으로 보이지 않는다는 것입니다. 이것은 그들이 내면적으로 성숙하지 않았기 때문에 생긴 현상입니다. 이런 사람들과는 달리 내면적으로 성숙한 단계까지 온 사람은 전 인류를 자신처럼 생각합니다. 전 인류와 자신은 깊은 차원에서 서로 연결되어 있어 같은 운명 공동체에 속해 있다는 것을 절실하게 느낍니다. 그리고 이런 사람은 반드시 자신의 생각을 행동으로 옮깁니다.

그런데 이 단계까지 온 사람은 대부분 그의 외연이 인간을 넘어서 동물과 식물, 심지어는 무생물에까지 확장됩니다. 다시 말해 인간을 넘어서 생명 그 자체에 관심을 갖는다는 것입니다. 그래서 이런 사람들은 동물도 자신과 같은 생명공동체에 포함되어 있다는 것을 절감합니다. 동물을 자기 형제나 자매처럼 생각한다는 것이지요(이것은 자기의 애완동물을 사랑하는 것과는 차원이 다른 이야기입니다). 여기서 조금 더 나아가면 그가 생각하는 공동체가 식물에까지 확산됩니다. 그래서 이런 사람은 생명을 갖고 있는 것이라면 어떤 것이든 경외를 가지고 대합니다. 그리고 그들과 하나라는 것을 느낍니다. 이런 사람 중에는 바위나 산 같은 무정물과도 하나됨을 느끼는 사람이 있습니다. 이 정도면 갈 때까지 간 것이지요. 자연의 만물과 하나 됨을 느끼니 말입니다. 그래서 중국의 장자도 그런 말을 했습니다. 진인(眞人)은 천지 만물과 하나가 될 때 큰 기쁨을 느낀다고 말입니다. 이 수준까지 오면 인간의 성숙은 종착역에 다다른 느낌입니다.

여기까지 와도 종착역에 온 것으로 간주할 수 있지만 여기에 한 단계를 더 부가할 수 있습니다. 즉 이 단계에서 진일보해서 자신이 우주와 하나 됨을 느끼는 단계가 있을 수 있습니다. 바로 앞 단계에서는 이 지구에 있는 모든 것과 하나 됨을 느꼈다면 진짜로 마지막 단계에서는 모든 것의 원천인 이 우주와 하나 되는 것을 느끼는 것입니다. 이 단계에서 그는 자신이 지구인일 뿐만 아니라 이 전체 우주의 구성원이라는 사실을 절감합니다. 이런 사람들은 밤하늘의 별을 보면 한없이 경외하는 마음을 갖습니다(도시에서는 별이 보이지 않지만요..). 그 장엄한 모습과 신비로움에 놀랍니다. 또 우주의 기원과 의미에 대해서도 진지하게 탐구합니다. 이 물질적인 우주는 어떻게 생겨났으며 왜 생성됐는지 그 의미와 목적에 대해 의문을 갖습니다. 첫 번째 의문이 물리적인 것이라면 후자는 철학적인 질문이라고 할 수 있습니다. 특히 철학적인 질문이 중요한데 이 우주라는 거대한 사물이 왜, 그리고 어떻게 존재하는지에 대해 형이상학적인 질문을 던집니다. 이것은 인간이 던질 수 있는 질문 가운데 가장 큰 질문이지요. 그러면서 이 같은 '전체 우주 안에서 나는 무엇인가?'와 같은 심오한 질문을 던지고 해답을 찾기 위해 열심히 노력합니다.

이 단계에서 체험하는 것은 전 우주와 하나가 되는 것이라고 했습니다. 바로 전 단계에서 우리가 자연과 하나가 됐던 것처럼 말입니다. 우주와 하나 되는 체험은 가장 상위의 종교 체험이기도 합니다. 전체와 하나가 되면서 개아성(個我性)이 소멸되기 때문입니다. 그것으로 모든 것을 초월하게 됩니다. 이제 우주와 하나가 됐으니 더 이상 갈 곳이 없습니다. 이 상태에서 우리는 우주에 있는 모든 것이 서로 긴밀하게 연결되어 있다는 것을 확실하게 알게 됩니다. 인간의 영적인 성장은 여기가 끝입니다. 아니 끝이라고 할 수 없을지도 모릅니다. 원점으로 돌아온 느낌을 받기 때문입니다. 여기까지 이른 사람은 인간으로서의 진화를 끝냈다고 할 수 있습니다. 이런 영혼들은 앞에서 말한 것처럼 오래된 영혼이라고 할 수 있습니다. 그냥 오래된 영혼이 아니라 가장 오래된 영혼이라고 해야겠지요.

그런데 중요한 것은 이러한 인간의 성숙도는 육체적인 나이와 아무 관계가 없다는 것입니다. 그러니까 노인이라고 해서 영혼이 성숙된 것도 아니고 아이라고 해서 영혼이 미성숙한 것이 아니라는 것입니다. 중요한 것은 그가 자신의 영혼의 성장을 위해 얼마나 노력했느냐는 것입니다. 수없이 많은 생을 환생했지만 노상 물질적인 것만 탐하고 자신의 영적인 성장을 위해서는 그다지 신경을 쓰지 않은 사람은 이번 생에 아무리 나이가 많아도 영적으로는 아이에 불과합니다. 반대로 생을 거듭할 때마다 자신의 영적인 성장을 위해 진력한 사람은 현재 어린이로 살고 있더라도 영적으로는 오래된 영혼입니다.

그래서 우리는 이제 이 육체적인 나이를 따지는 일은 그만두어야 합니다. 더 이상 '호적에 잉크도 안 마른 놈이..'와 같은 전제적(專制的)이고 권위적인 이야기는 하지 말아야 합니다. 이 점에서 서양인들이 훨씬 앞서갑니다. 그들은 나이를 가지고 아래위를 나누는 일을 하지 않습니다. 그래서 사회 문화가 평등합니다. 그들은 이처럼 선진적인 문화를 갖고 있어 지금 세계를 리드하고 있는 것입니다. 물론 그렇다고 서양 문화를 맹종할 필요는 없습니다. 한국 나름의 평등 문화를 만들어내면 되기 때문입니다.

"뭐, 한 번 사는 인생인데... 인생 뭐 있어?"

여러분들이 TV 드라마나 코미디를 보다가 '인생 뭐 있어? 한 번 사는 인생인데... 죽으면 다 그만 아냐? 그니까 골치 아프게 여러 생각하지 말고 술이나 마시고 놀자구.' 하는 대사를 들은 적이 있을 겁니다. 이것은 한국인들이 호기를 부릴 때 간혹 하는 소리입니다. 이런 경우 한국인들의 손에는 재미있게도 막걸리 병이 들려 있기도 합니다. 이것과 조금 결을 달리하지만 '회심곡' 같은 노래에도 비슷한 내용의 가사가 나옵니다. 즉 '인생 한 번 죽어지면 다시 오기 어렵다'라는 것인데 이 비슷한 것은 상여소리에도 나옵니다. 여러분들도 상여소리의 다음과 같은 가사는 다 알지 않습니까? 즉 '이제 가면 언제 오나?'라는 것이 그것으로 이것은 이승에 다시 오는 것이 매우 어렵다는 것을 의미하는 구절이라고 할 수 있습니다. 그러면서 대궐 같은 집을 놔두고, 천금 같은 자식들 다 두고, 또 문전옥답 다 버리고 가자니 원통해서 못 가겠다고 합니다.

이 상여소리에 대해서도 많은 이야기를 할 수 있지만 이 지면은 그것을 논하는 자리가 아니니 지나가기로 합니다. 그런데 그 가운데에 재미있는 문구가 있어 그것만 보고 우리의 주제로 돌아가겠습니다. 이 구절에 나오는 표현 중에 '천금처럼 소중한 자식을 버리고 간다'라는 것은 이해할 수 있습니다. 자기 삶의 기반이 되었던 자식을 두고 홀로 떠나는 것은 분명히 슬픈 일이기 때문입니다. 그러나 그 다음에 나오는 문장, 즉 '대궐 같은 집 놔두고'나 '문전옥답 다 버리고' 같은 표현들은 조금 이상하지 않습니까? 우선 당시 서민들이 살던 초가집을 어떻게 대궐에 비유할 수 있겠습니까? 이건 너무 과장이 심한 것 아닌가요? 아마도 그들의 눈에는 그 소박한 초가집이 대궐처럼 보였나 봅니다. 그들에게는 그만큼 이 현세가 귀중한 것이라 그렇게 표현할 것일 겁니다. 또 문전옥답이라는 표현도 그렇습니다. 생전에 그 논밭을 일궈서 식량 생산하느라고 얼마나 힘들었습니까? 그 지긋지긋한 노동에서 벗어나고 싶을 텐데 이들은 그런 옥답을 두고 간다고 섭섭해합니다. 죽는 것은 외려 그 노동에서 벗어나는 것이니 기뻐해야 할 일일 것 같은데 그렇게 생각하지 않으니 이상합니다.

왜 이런 표현들이 나왔을까요? 이것은 모두 단생(單生), 즉 이생만 인정한 결과라고 할 수 있습니다. 우리에게는 지금 사는 이생만 존재하는 터라 죽으면 다 끝이라는 것이지요. 그러나 지금까지 이 책을 읽은 여러분들은 이 같은 생각이 어떻게 잘못되었는지 아시겠지요? 그런데 이런 생각은 이전 사람들만 하는 것이 아니었습니다. 요즘에는 젊은 사람들도 비슷한 생각을 하는 것 같더군요. 그게 무엇이냐고요? 바로 '욜로'적인 사고방식입니다. '욜로'란 영어로 'YOLO'인데 이것은 'You Only Live Once', 즉 '당신은 한 번만 산다'의 약자입니다. 이러한 생각의 배경에는 인생은 단 한 번뿐이니 특히 젊었을 때 미루지 말고 하고 싶은 것을 다 하자는 의도가 숨어 있는 것 같습니다.

이런 사고방식이 이해되지 않는 바는 아닙니다. 이해되는 측면이 분명히 있습니다. 이런 생각에는 우선 '미래를 위해 현재를 희생하지 말라'라는 의도가 있겠지요. 미래를 준비하는 것은 좋지만 그렇다고 현재를 필요 이상으로 억압해서는 안 된다는 뜻이 있는 것입니다. 그런가 하면 이 생각에는 약간은 부정적인 시각도 들어 있는 것 같습니다. 미래를 기대하고 열심히 살아봐야 자기가 원하는 회사에 들어가기 힘들고 또 들어간들 월급 가지고는 변변한 집 하나 마련하기 힘드니 다 포기하자는 겁니다. 그 대신 작지만 현재의 행복, 즉 요즘 용어로는 '소확행(작지만 확실한 행복)'을 위해 살자는 것입니다. 그래서 돈 생기는 대로 해외여행도 가고 명품도 사면서 지금을 즐기자는 것입니다.

이런 것들 다 좋습니다. 이렇게 생각하는 것을 말릴 생각은 전혀 없습니다. 제가 이야기하고 싶은 것은 단지 다른 가능성도 생각해보자는 것입니다. 여러분들은 그게 무엇인지 아시겠지요. 그렇습니다. 우리는 이번 생만 사는 게 아니라 이미 수없이 많은 생을 살았고 앞으로도 얼마나 많은 생을 살지 모른다는 것입니다. 따라서 그런 시각에서 자기 삶을 한 번 조망하자는 것이지요. 이렇게 삶을 즐기는 것은 당연히 좋지만 그 가운데 '내 인생의 목적은 무엇일까'와 같은 조금은 무거운 주제에 대해 생각해보자는 것입니다.

앞에서 내내 설명했던 것이 무엇입니까? 우리는 카르마 법칙에 따라 모종의 과제를 갖고 태어났다고 하지 않았습니까? 그리고 만일 우리가 이번 생에 이 과제를 풀고 가지 않으면 같은 시도를 하기 위해 다음 생에 또 태어나야 한다고 했지요? 여러분들은 같은 문제를 가지고 이 힘든 세상에 또 태어나는 것이 좋습니까? 당연히 좋지 않겠지요? 따라서 가능하면 이번 생의 과제는 이번 생에 풀고 가는 것이 좋습니다. 이런 문제를 생각하지 않고 그저 놀다가 가기에는 이번 생이 너무 아깝습니다. 우리가 얼마나 힘들게 태어났고 또 얼마나 고되게 살았는데 그저 놀기만 하다가 가버린답니까?

앞에서 저는 우리가 이번 생을 살면서 해야 할 일 가운데 우리의 카르마를 줄이는 일이 매우 중요한 일이라고 했습니다. 카르마를 줄이기 위해서는 부정적인 카르마를 소멸해야 합니다. 긍정적인 카르마는 우리를 구속하지 않기 때문에 그다지 신경 쓰지 않아도 됩니다. 그런데 우리가 무지하고 어리석게 굴어 다른 사람에게 잘못을 범하면 그것은 우리를 구속하고 계속해서 환생의 빌미를 줍니다. 따라서 우리는 자신이 갖고 있는 부정적인 면에 대해 냉철하게 대처해야 합니다. 우리가 자신의 단점이나 사악한 면을 인정하지 않으면 영적인 성숙이 늦어집니다. 아니 영적인 성숙 자체가 이루어지지 않습니다. 그런데 이 일은 쉽지 않습니다. 자신의 단점이나 악한 모습을 대면하고 싶은 사람이 어디 있겠습니까?

이 대목에서 맨리 홀이라는 명상 전문가가 자신의 저서 『환생, 카르마 그리고 죽음 이후의 삶』에서 인용한 이집트 우화가 생각납니다. 이 이야기에 나오는 비유를 보면 우리는 큰 가방을 어깨에 메고 있는데 그 가방은 주머니가 앞뒤에 하나씩 있습니다. 그런데 앞주머니에는 내가 자랑스러워하는 것들만 넣어둡니다. 반면 뒷주머니에는 잊어버리고 싶거나 생각하기 싫은 나의 잘못된 것들을 넣어둡니다. 뒷주머니에 있는 것은 나의 단점이나 어리석은 점 같은 것입니다. 그것들은 직면하기 싫기 때문에 등 뒤로 보내 버렸습니다. 등 뒤에 있으니까 나는 볼 수 없습니다. 자신이 보지 못하니 나는 그런 부정적인 면이 없다고 생각합니다. 그런데 그렇게 부정적인 점을 외면한다고 해서 문제가 없어지는 것이 아닙니다. 이 부정적인 요소들은 자꾸 문제를 일으키면서 내 발목을 잡습니다. 이 이집트 우화에서는 그 모습을 이렇게 표현했습니다. 이 사람은 등 뒤가 무거우니까 그 상태로 걸으면 자꾸 뒤로 고꾸라집니다. 이것은 당연한 것이겠지요. 그런데 본인은 뒤가 보이지 않으니 왜 그런 일 생기는지 알지 못합니다. 이렇게 되면 이 사람은 앞으로 제대로 전진하지 못할 겁니다.

이 이야기에 따르면 우리의 삶이 이렇다는 것입니다. 매번 환생할 때마다 지난 생에서 풀지 못한 문제를 가져오는데 그런 것들을 뒷주머니에 넣어 두었으니 우리는 그게 어떤 것인지 모릅니다. 이 같은 과제를 알려면 일단 멈춰서 그 가방을 내려놓고 뒷주머니를 열어보아야 합니다. 그래서 도대체 어떤 것이 들어 있는지 알아보아야 합니다. 이렇게 우리는 우리의 부정적인 면을 단지 직면하기만 해도 어느 정도 그 단점을 극복할 수 있답니다. 자신에게 그런 요소가 있다는 것을 인정만 해도 거기서 발생하는 장애를 어느 정도 피할 수 있다는 것입니다. 그런데 이렇게 말은 쉽게 하지만 이 일은 결코 쉬운 일이 아닙니다. 상당한 지성과 노력이 필요합니다. 특히 지적인 능력이 부족하면 이 일의 성공이 힘듭니다.

단점에 관해 이야기하다 보니 이 대목에서 칼 융의 심리학에 나오는 '그림자'라는 개념이 생각나는군요. 융이 말하는 그림자란 한 사람의 성격에서 단점 혹은 어두운 점을 지칭하는데 우리는 이것을 에고(ego) 뒤에 감추어놓는다고 하지요. 그러니까 에고의 그림자가 되는 것입니다. 자신의 단점이기 때문에 직시하기 싫어 에고 뒤에 숨겨 놓은 것입니다. 이렇게 감추어 놓았기 때문에 본인은 그게 자신의 단점인 줄 모릅니다. 그런데 거기서 끝나면 좋으련만 우리는 그것을 남에게 투사하여 그를 비난합니다. 자신이 반성해서 고칠 생각을 하지 않고 그 단점을 다른 사람에게 뒤집어씌워 그를 비난한다는 것입니다.

이해를 돕기 위해 예를 들어볼까요? 사람 가운데에는 성적인 (sexual) 것을 매우 추잡하게 여겨 성적으로 타락한 사람을 비난하는 사람이 있습니다. 이 같은 태도가 조금 지나쳐서 그는 성적인 모든 것을 부정하는 경우가 있습니다. 그러면서 본인은 성적으로 매우 고결한 인간이라고 생각합니다. 그런데 사실은 정반대일 수 있습니다. 그 사람은 외려 내면에 성욕이 엄청나게 많은 사람일 수 있다는 것입니다. 그는 그것을 감추기 위해 자신의 성욕을 남에게 투사하여 그 남을 비난하는 것입니다. 그럼으로써 자신은 성에 대해 깨끗한 사람이라는 것을 과시하고 싶은 것이지요.

이에 대한 좋은 예가 있습니다. 이번에는 소설을 예로 들까 합니다. 바로 '술 권하는 사회', '운수 좋은 날' 같은 명 단편 소설을 쓴 현

진건의 'B 사감과 러브 레타'가 그것입니다. 이 이야기는 기숙사에서 벌어지는 일을 소설로 쓴 것입니다. 이 기숙사에서는 B 사감이라는 사람이 학생들을 관리했는데 그는 학생들을 엄격하고 매섭게 대했답니다. 특히 학생들에게 러브 레터가 오는 것을 싫어해 편지가 오는 족족 압수했습니다. 학생들은 연애하면 안 된다고 하면서 남녀 관계를 죄악시한 것입니다. 그런데 밤마다 이 사감의 방에서는 깔깔대는 소리가 들렸습니다. 이상하게 생각한 학생들이 그의 방을 엿보니 그는 학생들의 연애편지가 자기에게 온 것이라고 믿고 자신이 주인공이 되어 그것을 읽으면서 낄낄대고 좋아한 것입니다. 이것은 인간의 이중성을 폭로하는 소설인데 이 사감은 남녀가 연애하는 것을 경멸했지만 자신은 외려 연애의 주인공이 된 것입니다. 겉으로는 자신이 남녀 관계에 초연한 듯 행동했으나 속으로는 누구보다도 연애를 좋아한 것이지요.

융은 한 사람이 정신적으로 성숙하려면 바로 이 그림자를 외부에 투사하는 일을 그만두고 본인이 직시해야 한다고 주장하고 있습니다. 그것이 자신의 어두운 면임을 인정하고 받아들여야 인격의 성숙이 일어난다는 것이지요. 융의 심리학은 여기서 한참을 더 나가지만 이 장에서는 이 그림자 개념에만 집중해서 보겠습니다. 이 그림자를 수용하는 일이 대단히 중요하기 때문입니다. 그런데 문제는 이 일이 그렇게 쉽지 않다는 데에 있습니다. 이런 상황을 잘 말해주는 격언이 있지요? '내 눈의 들보는 안 보이고 남의 눈의 티끌은 보인다'라는 유명한 격언 말입니다. 자기 눈에 있는 들보는 눈 뒤에 숨겼기 때문에 보이지 않지만 남의 눈에 있는 작은 티는 곁에서 쉽게 보이기 때문에 우리가 이렇게 행동하는 것입니다. 그런데 그 남의 눈의 티도 사실은 그 사람의 것이 아니라 바로 내 것입니다. 이게 내 단점인 셈인데 우리는 그것을 투사함으로써 내 것이 아니라고 '박박' 우기는 것입니다.

여기에 대한 비슷한 예를 하나 더 들어볼까요? 잔소리가 그것입니다. 잔소리는 남에게 못마땅한 것을 지적하면서 고치라고 하는 것입니다. 그런데 이것은 많은 경우 당사자가 자신의 단점을 남에게 투사하는 것에 불과한 것으로 그치게 되지요. 그 단점을 남에게 투사해 놓고 자신은 그런 단점이 없다는 식으로 강변하는 것입니다. 자신의 단점을 이런 식으로 회피해서 모면하겠다는 것이지요. 그렇게 해놓고 본인은 무엇이라고 합니까?

이 상황을 잘 표현한 대중가요가 있지요? 아이유(이지은)와 슬옹(임슬옹)이 부른 '잔소리'라는 노래가 그것입니다. 이 노래의 가사를 보면 아이유가 슬옹에게 잔소리를 하면서 '이게 다 너를 위해서 하는 거다'라고 말합니다. 그런데 그것은 새빨간 거짓말입니다. 진짜 상대방의 단점을 고쳐주고 싶으면 잔소리를 할 게 아니라 가만히 지켜보면서 그가 자신의 단점을 스스로 발견할 때까지 기다려야 합니다. 잔소리는 백약이 무효인 게, 사람들은 잔소리를 들으면 외려 반발심이 생겨 그 말을 듣지 않습니다. 그러니 잔소리로 사람을 교정하는 일은 거의 일어나지 않습니다. 따라서 지혜로운 사람은 결코 잔소리를 하지 않습니다. 잔소리는 상대방의 반발을 일으킨다는 것을 잘 알기 때문이지요. 여러분들도 이 사정을 잘 아시고 남편 혹은 아내, 그리고 자식들을 대하시기를 바랍니다.

그러면 나의 그림자 혹은 단점을 어떻게 알 수 있을까요? 이것은 중요한 일입니다. 자신의 단점을 알고 어떤 형태로든지 극복해야 성숙한 인격을 이룩할 수 있기 때문입니다. 이 방법은 의외로 간단한데 조금 그로테스크합니다. 먼저 여러분이 가장 싫어하는 사람을 생각해보십시오. 공연히 싫은 사람을 생각해보라는 것입니다. 이런 사람은 주위에 항상 있지요? 그런 다음 그 사람의 무엇이 싫은지 찾아보세요. 예를 들어 여러분이 어떤 사람을 두고 '저 사람은 너무 권위적이라 싫다'라고 말한다면 그것은 내가 대단히 권위적인 사람이라는 것을 뜻한다고 할 수 있습니다. 내가 지나치게 권위적이니까 그것을 상대방에게 투사해 놓고 그것을 지적하는 것입니다. 그럼으로써 나는 권위적인 사람이 아니라고 항변하고 싶은 겁니다. 그러나 이것은 모두 투사에 불과하다고 했지요? 이 견해에 동의한다면 여러분은 어서 자신의 그림자 성격을 인정해야 합니다. 그러나 그것을 단번에 고치는 일은 쉽게 일어나지 않습니다. 그렇지만 이런 사실을 알고 있으면 언젠가는 그 단점을 고칠 수 있습니다. 모르고 있으면 세월이 아무리 흘러도 이 단점을 고칠 수 없습니다. 그래서 지식 혹은 지혜가 중요하다는 것입니다.

다시 우리의 주제로 돌아가지요. 앞에서 인용한 마이클 뉴턴의 『영혼들의 여행』에 보면 3만 년 이상 환생을 거듭하고 있는 어떤 여성의 사례가 나오더군요. 만일 이 사례가 진실이라면 이 여성은 자신을 계속해서 환생하게 만든 부정적인 요소를 직시하지 못하고 세속적인 욕망만 좇다가 이 힘든 사바세계에 3만 년 동안이나 환생한 것이라고 할 수 있습니다. 이 얼마나 지긋지긋한 일입니까? 카르마 법칙에 따라 우리가 풀어야 할 문제를 풀지 못하면 이렇게 지긋지긋한 환생을 거듭하는 것입니다. 이런 예는 우리의 주위에서 얼마든지 발견할 수 있습니다. 매일매일을 아무 생각 없이 세속적인 욕망만 좇고 다니는 사람들이 다 그런 사례에 속합니다.

이처럼 자신에게 부과된 부정적인 카르마를 극복하는 일은 대단히 어렵습니다. 세상에서 가장 중요한 일인데 그토록 어렵습니다. 그러나 그렇다고 해서 절망할 필요는 없습니다. 그 일이 힘들면 주위에서 영적으로 성숙한 분을 찾아 도와달라고 하면 됩니다. 여러분들이 돌아보지 않아서 그렇지, 우리 주위에는 그런 분들이 반드시 있습니다. 우리는 반드시 이 일에 성공해야 합니다. 그것이 진정한 행복을 찾는 길입니다. 이 일을 하지 않으면 이번 생에 또 새로운 짐을 만들어 그것을 가지고 다음 생으로 가야 합니다. 이렇게 자꾸 늘어가는 카르마를 줄이기 위해 우리는 노력을 아끼지 말아야 할 것입니다.

이번 장에서는 우리들이 평소에 무심코 하는 표현 중에 이번 생만 인정하는 표현이 지닌 문제점에 대해서 보았습니다. 그런데 사실 여기서 검토한 것 외에도 또 문제점이 있는데 그것은 다소 철학적인 문제라 언급하지 않았습니다. 이 문제가 어떤 면에서 철학적이라는 것일까요? 사정은 이렇습니다. 만일 한 생만 인정한다면 우선 내 생명이라는 것이 어디서 어떻게 왔는지 설명할 수 없습니다. 유물론에 경도된 사람들은 정자와 난자가 결합해 내 생명이 생겨났다고 할 겁니다. 그러나 이 견해는 문제가 많습니다. 가장 문제가 되는 점은 생명이라는 고차원의 일을 물질이라는 낮은 차원으로 설명한 것입니다. 이것은 어불성설입니다. 고차원적인 관점에서 낮은 차원의 일을 설명하는 것은 어렵지 않지만 반대로 낮은 차원에서 고차원의 일을 설명하는 것은 가능하지 않기 때문입니다. 비근한 예로 생명의 차원에서 물질을 설명하는 것은 어렵지 않지만 물질의 차원에서 생명을 설명하는 일은 가능하지 않은 것과 같습니다.

이 견해에는 이것 말고 문제가 또 있습니다. 한 생만 인정할 때 또 문제 되는 것은 사람들의 성격이나 재능 등에 나타나는 다양성을 설명할 수 없다는 것입니다. 우리들은 모두 각기 다른 소질과 성격을 갖고 있습니다. 그런데 우리는 어떻게 해서 이렇게 다양하게 되었을까요? 한 생만 인정하는 입장에서는 전생이 없습니다. 따라서 전생에서 넘어 올 것이 하나도 없으니 태어날 때 우리는 백지상태로 태어납니다. 그런데 왜 사람들이 이렇게 다양할까요? 아무것도 갖지 않고 태어났는데 왜 이렇게 다르냐는 것이지요. 그런데 어린이들을 보면 이들은 태어나면서부터 각기 다른 재능과 성질을 갖고 태어나는 것을 알 수 있습니다. 이것은 같은 환경 속에서 자라난 동기간만 보아도 쉽게 알 수 있습니다. 같은 가정에서 자랐는데도 형제자매가 확연하게 다른 것은 갖고 태어난 바가 다르기 때문입니다. 사정이 이렇다면 한 생만 인정하는 견해 가지고는 이러한 상황을 설명하지 못합니다.

이 문제에 대해 카르마 이론은 깔끔한 해결책을 제시합니다. 개개인이 모두 다른 카르마를 갖고 태어났기 때문에 이렇게 다양하게 되었다고 말입니다. 누구나 다른 전생을 갖고 있고 그래서 다른 카르마를 지었으니 이번 생에 다르게 나타나는 것은 당연한 것입니다. 이처럼 카르마 법칙은 우리에게 많은 것을 설명해주고 있습니다.

"너 참 좋은 때다"

이 말은 우리가 가끔 자신보다 나이가 어린 사람을 두고 하는 말입니다. '너 참 좋을 때다. 내가 너만 할 때는..' 라든가 '내가 십 년만 젊었어도..'라는 말도 이때 자주 등장합니다. 이런 말에는 대체로 두 가지 의미가 있는 것 같습니다. 즉 자신은 상대방보다 나이가 많으니 알아서 잘 모시라는 의미가 첫 번째이겠지요. 그런가 하면 한편으로는 자신의 젊은 시절을 그리워하는 마음도 있는 것 같습니다. 그러다가 '내가 네 나이 때에는 돌도 씹어 먹었어..'라고 만용을 부리면서 스스로 위로하는 말을 하기도 합니다.

그런데 이 같은 발언에는 몇 가지 문제가 있어 보이는데 이 문제가 한둘이 아니라 다 볼 수는 없습니다. 우리는 지금 카르마 법칙을 논하고 있으니 이 법칙의 측면에서 볼 때 문제가 되는 점에 대해서만 보겠습니다. 그것을 보기 전에 상식적으로 생각해봐도 받아들일 수 없는 점이 있어 먼저 그것에 대해 살펴보았으면 합니다.

　이 발언에서 우선 문제가 되는 것은 왜 군이 남과 비교해서 현재의 내 상태가 좋지 않다고 하느냐는 것입니다. 이것은 자신의 삶을 부정적으로 보는 태도입니다. 따라서 좋은 태도라고 할 수 없습니다. 그보다는 현재를 긍정적으로 보는 태도가 필요합니다. 제 나이가 지금(2024년) 60대 후반인데 20년 전인 40대이었던 때를 생각하면 그때는 몸이 정말 좋았습니다. 몸이 얼마나 가벼웠는지 모릅니다. 걸을 때만 몸이 가벼웠던 것이 아니라 계단을 내려갈 때도 몇 계단씩 한 번에 내려가는 등 거의 날아다녔습니다. 그러나 지금은 상황이 완전히 다릅니다. 지금은 계단을 내려오려면 난간을 잡고 한 계단씩 내려와야 합니다. 다리에 힘이 빠져 헛디딜까 봐 조심하는 것입니다. 마음은 아직 청춘인데 몸이 늙는 것은 막을 방도가 없더군요. 상태가 이러니 젊은이에게 '너 지금 좋은 때인 걸 알아라'와 같은 말을 하는 것입니다.

　그런데 저렇게 생각하는 것이 틀렸다는 것은 한 번만 생각해봐도 알 수 있습니다. 이런 상황에서 우리는 다른 사람과 비교하면서 자신의 상태를 비관할 것이 아니라 자신에게 비추어서 사태를 파악해야 합니다. 지금 생각해보면 40대는 정말 좋은 때입니다. 그러나 20년 뒤, 즉 저의 80대 후반을 생각하니 정신이 바짝 듭니다. 왜냐하면 그때에는 지금과 상대도 안 되게 몸이 굳어 있고 무거울 것이기 때문입니다. 그러면 그때 또 이렇게 말하지 않을까요? '20년 전인 60대 후반이 좋았어'라고 말입니다. 바로 이겁니다. 저 자신이 여기서 60대 후반이 좋다고 실토하고 있지 않습니까? 그런데 왜 정작 60대 후반일 때는 그 좋은 걸 몰랐던 것일까요? 이유는 간단합니다. 다른 때와 비교했기 때문입니다.

우리는 이렇게 다른 때나 다른 사람과 비교하면서 좋음과 나쁨을 판단하는 바람직하지 않은 습관을 갖고 있습니다. 일례로 '내 처지가 좋지는 않지만 일용직보다는 낫지 않겠는가' 혹은 '한국이 정치적으로 문제가 많지만 그래도 소말리아보다는 낫지 않겠나' 같은 식으로 말하는 것이 그것입니다. 그런데 이 말을 일용직 근로자나 소말리아 사람이 직접 들었다면 어떻겠습니까? 자신들이 비교 대상이 된 데에 강한 불만을 표출하지 않을까요? 화를 낼 수도 있겠고요. 한번 거꾸로 생각해봅시다. 어떤 일본 사람이 '한국의 (정치적) 현실을 보면 한국인으로 태어나지 않은 게 다행이다'라고 한다면 한국인들의 심정이 어떨까요? 좋을 리 없겠지요? 이처럼 우리는 누구나 자신이 제삼자가 되어 판단 대상이 되는 것을 싫어합니다. 따라서 우리도 다른 사람과 비교해서 자신의 처지를 다행스럽게 생각하면 안 되는데 그게 그리 쉬운 일이 아닙니다. 우리는 끊임없이 남과 비교하면서 자신의 처지를 판단하니 말입니다.

이런 습관이 너무 깊게 박혀 있어 지금의 상황을 긍정하지 못하는 것이 우리의 현실입니다. 지금만 보면 다 좋은 상태인데 공연히 다른 때와 비교해서 그 상태를 좋지 않게 생각해 우리는 가장 중요한 '지금'을 향유하지 못하고 있습니다. 이것을 달리 표현하면, 과거나 미래를 회상하며 현재를 희생하는 것이라고 할 수 있습니다. 현재를 현재로서 대하지 못하고 다른 시간대와 비교하는 것이지요. 그런데 이 비교하는 버릇이 하도 오래되고 고약해서 벗어나기가 힘들다고 했습니다. 그래서 저는 여러분들에게 이렇게 제안합니다. 무조건 스스로 '지금이 최고야. 지금이 최고야'라고 되뇌라고 말입니다. 그렇게 하면 자신도 모르는 사이에 세뇌가 될지도 모릅니다. 그렇게라도 해야 이 습관에서 벗어나는 일이 가능하지 그냥 적당히 해서는 여기서 벗어나는 일이 쉽지 않을 겁니다.

위의 태도는 카르마 법칙의 입장에서 볼 때도 문제가 많습니다. 카르마 법칙이 어떤 법칙이라고 했습니까? 카르마 법칙이 차가운 법칙 같지만 사실은 우리에게 좋지 않은 카르마를 소멸할 수 있는 환경을 만들어준다고 하지 않았습니까? 즉, 지금 내가 처한 상황이 아무리 나쁘게 보이더라도 카르마 법칙은 내가 이번 생에 갖고 태어난 문제를 풀 수 있는 좋은 환경을 만들어준다고 하지 않았습니까? 조금 극단적인 예로, 내가 마약이나 도박 같은 결코 빠져나올 수 없는 구렁텅이에 빠져 있더라도, 또 남들이 상상할 수 없는 고도의 장애를 갖고 있어 매일 말로 다 할 수 없는 고통 속에 살고 있을지라도 지금의 내 환경은 내 카르마를 소멸할 수 있는 가장 좋은 때라는 것입니다.

미시적으로 보면 이러한 현재 상태는 분명 매우 힘들고 지금 겪는 고통이 아무 의미가 없는 것처럼 보입니다. 그러나 거시적으로 보면 현 상태는 카르마의 도도한 흐름 속에서 생겨난 것으로 반드시 발생해야 했기 때문에 현재 내 앞에 펼쳐진 것입니다. 그래서 우리는 이것을 무조건 받아들여야 합니다. 그런데 우리는 이런 경우 어떻게 합니까? 보통은 '왜 이런 불행이 나에게만 생기는 것일까'라고 하면서 불만을 토로하지 않습니까? 카르마 법칙은 이런 의문을 갖지 말라고 가르칩니다. 왜 의문을 품지 말라고 하는 것일까요? 여러분들도 이제 이에 대한 답을 아시겠지요? 이 의문은 현생만 보는 미시적인 관점에서는 풀 수 없기 때문입니다. 따라서 의문을 가져봐야 답을 알 수 없습니다. 이런 문제는 거시적으로 다생(多生)의 관점에서 조망해야 그 답을 알 수 있습니다. 그런데 우리는 이전 생들에 대해 아는 바가 없습니다. 기억이 전혀 나지 않습니다.

그래서 이 사건에 대해 의문을 품지 말라는 것입니다. 대신 이 사건은 카르마 법칙상 반드시 발생해야 하는 일이었으니 무조건 받아들이라고 하는 것입니다. 그러나 그렇다고 해서 현재의 상태를 개선하기 위해 노력하지 말라는 것은 아닙니다. 힘든 현재를 개선하려는 노력은 카르마를 만들어내는 일이 아니기 때문에 얼마든지 해도 좋습니다. 예를 들어 장애를 입은 사람은 재활 치료 같은 것을 열심히 해야 합니다. 장애인이 된 것이 카르마적인 숙명이니까 아무 일도 하지 않고 장애를 안고 살겠다는 것은 억지입니다. 그 반대입니다. 우리는 모든 노력을 기울여 장애의 상태를 좋은 쪽으로 변환해야 합니다. 그런 노력과 함께 잊지 말아야 할 것은 '지금 내가 처해 있는 이 상태가 최고의 상태이고 최고의 순간'이라는 것입니다.

이런 견해에 대해 동의할 수 없다는 분도 분명 있을 겁니다. 내가 괴로워 죽겠는데 지금이 가장 좋은 때라고 하는 게 말이 되느냐고 말입니다. 맞습니다. 현재의 상태로 계속 사는 게 정말 힘들지요. 제 바람은 그 힘든 가운데에서 조금이라도 여유가 생기면 현재의 상태를 카르마 법칙의 관점에서 한번 보자는 것입니다. 그래서 지금 내가 겪고 있는 이 부정적인 상황이 왜 일어났는지, 그 의미를 알아보는 시도를 해보자는 것입니다. 그럼으로써 이 상태에서 나는 무엇을 어떻게 해야 하는지에 대해 생각해봅니다. 이 일을 혼자 하기 힘들면 눈 밝은 이를 찾아 도움을 요청해도 좋습니다. 여러분들 주위에 멘토 같은 이가 있으면 카운셀링을 받는 것도 좋은 방법이겠지요.

이런 상황에서 여러분들은 자신에게 떨어진 숙명을 거부할 뿐만 아니라 상황을 개선할 수 있는 시도를 하지 않을 수도 있습니다. 그러니까 카르마 법칙이 제시하는 길을 따르지 않고 그와 어긋나게 행동할 수 있다는 것입니다. 그래서 현실을 개선하려는 노력을 포기하고 좌절한 나머지 술만 마시는 따위의 행동을 할 수 있습니다. 이렇게 되면 카르마 법칙은 원래의 기획을 접고 지금 이 사람이 하는 행동에 맞게 새로운 기획을 하게 됩니다. 이른바 '리세팅'하는 것이지요. 환경을 재구성하는 것입니다. 그런데 그렇게 되면 현재보다 더 나쁜 상황이 생겨나기 쉽습니다. 그럼에도 불구하고 그때에는 그 '리세팅'된 새로운 상황이 최고의 상태가 됩니다. 이것은 앞에서 말한 대로 우리가 어느 상황에 처하든 그것이 그때로서는 최고의 상황이기 때문입니다.

이것을 다음과 같은 비유를 들어 설명하면 이해하기 쉬울 겁니다. 우리가 차를 몰고 지리를 잘 모르는 곳으로 갈 때 약도를 안내받기 위해 내비게이션을 씁니다. 그렇게 길을 가다가 우리가 깜빡하고 내비게이션이 안내하는 대로 가지 않고 다른 길로 빠지면 어떤 일이 벌어집니까? 내비게이션이 즉시 다른 길을 제시하지요? 즉 내비게이션이 아무 불평(?)하지 않고 새로운 길을 안내해줍니다. 그런데 그 길은 처음 길보다 못할 때가 많습니다. 그러나 어쨌든 그 길로 가도 분명 목적지에 도달하기는 합니다. 그런데 여기서도 또 안내대로 가지 않고 다른 길로 가면 내비게이션은 다시 새로운 길을 제시합니다. 그런데 그럴수록 더 좋지 않은 길이 나옵니다마는 그렇다고 목적지에 도달하지 못하는 것은 아닙니다.

카르마 법칙이 바로 이렇다는 것입니다. 우리가 이 법칙이 안내하는 대로 가지 않으면 이 법칙은 아무 말 하지 않고 새로운 길을 제시해줍니다. 그런데 그 길은 더 고통스럽습니다. 이것은 어쩔 수 없는 일입니다. 당사자가 카르마 법칙에 순응하지 않았기 때문에 생긴 현상이니 할 수 없다는 것입니다. 그러나 그렇다고 그 길이 잘못된 것은 아닙니다. 그 길도 분명 당사자를 최종의 목적지에 안착시켜 줍니다. 그러나 이런 시행착오를 줄이면 좋겠지요? 그러려면 카르마 법칙이 제시하는 것처럼 '지금의 최고다'라는 생각을 굳게 갖고 그 시점에서 무엇을 어떻게 해야 할지를 고심해야 합니다. 여러분들은 이 점을 염두에 두고 카르마 법칙은 항상 내 편에 있다는 것을 잊지 마시고 여유롭게 삶에 대해 기획했으면 좋겠습니다.

이것이 제가 이번 강의를 준비하면서 새삼스럽게 깨달은 것입니다. 이전에 몰랐던 것을 새롭게 깨달은 것이 아니라 다시 한번 절실하게 느꼈다는 것입니다. 카르마 법칙은 이렇게 우리에게 계속해서 새 길을 알려주고 새로운 기회를 주고 있다는 것 말입니다. 그래서 우리를 안내하는 일을 포기하지 않고 우리가 진화를 완성하는 그날까지 인도할 것이라는 밝은 생각을 가져 보았습니다. 이것은 매우 희망적인 이야기가 아닐 수 없습니다.

이것은 기독교 같은 유신론 종교를 믿는 사람들이 '구원받았다'

라고 하는 느낌과 통하는 바가 있을 것입니다. 이들은 신을 믿기 시작하면서 그동안 잊고 지냈던 신과의 소통이 시작됐다고 믿습니다. 그리고 이렇게 신에게 줄을 댔으니 신이 알아서 구원의 끝날까지 자신들을 인도할 것이라는 확실한 믿음을 갖습니다. 이전에는 내가 신을 등지고 있었으니 신도 어쩔 수 없었지만 이제 내가 신을 향했으니 신은 분명히 나를 정점까지 인도할 것이라는 강한 확신을 얻는 것입니다. 이것은 그대로 카르마 법칙에도 적용됩니다. 우리가 어떤 실수를 해도 카르마 법칙은 우리를 끝까지 인도할 터이니 아무 걱정하지 마시고 여유롭게 삶을 기획하시면 좋겠습니다.

"옷깃만 스쳐도 인연이다"

　'옷깃만 스쳐도 인연이다'라는 문구는 사람들의 인연을 말할 때 많이 쓰는 표현입니다. 옷깃이 스친다는 것은 서로 살짝 스치면서 지나가는 양태를 그린 것인데 그렇게만 되어도 큰 인연이라는 것이지요. 사실 이것은 확률적으로 보면 분명히 그런 면이 있습니다. 지구상에 사는 수많은 사람 가운데 바로 이곳에서, 이 시간에 만나는 사람은 분명 인연이 깊은 사람이라고 할 수 있겠지요. 그렇지만 그냥 지나치기만 하고 아무 일 없었다면 별 의미는 없습니다.

　그런데 이 표현이 조금 이상합니다. '옷깃'이라는 단어가 걸리기 때문입니다. 사람들은 보통 옷깃을 소매로 생각하는 것 같은데 옷깃은 소매가 아닙니다. 옷깃은 저고리 부품 중에 목둘레에 달아 놓은 천을 말합니다. 서양 옷으로 말하면 칼라(collar) 부분이라고 할 수 있습니다. 한국어에 '옷깃을 여미고'라는 표현이 있지요? 옷매무새를 바로잡는 것을 표현할 때 쓰는 문장으로 이전에 사람들은 저고리 모양을 바로잡으려 할 때 옷깃을 잡았습니다. 양복을 입었을 때 칼라를 잡고 윗도리를 바로잡는 것과 같다고 하겠습니다. 그런데 이 옷깃이 스치려면 두 사람이 가볍게 포옹하는 정도는 되어야 합니다. 이 정도의 인연이라면 그저 스쳐 지나가는 인연이 아니고 퍽 가까운 사이라고 할 수 있습니다. 그런데 이 문구가 표현하고자 했던 것은 그 정도까지는 아니고 살짝 스쳐 가는 정도를 말하려고 했던 것 같습니다. 만일 이 생각이 맞는다면 이 표현은 '옷깃만 스쳐도'가 아니라 '소매만 스쳐도'로 바뀌어야 할 것입니다.

어떻든 이것은 인간의 인연에 대해 말하고 있는데 비슷한 표현이지만 카르마와 관련된 이야기가 있어 한 번 보았으면 합니다. 이것은 대중가요에 많이 나오는 표현인데 유독 이별의 슬픔을 말할 때 많이 등장합니다. 그중에 재미있는 것을 하나 들어보면, 주현미 씨가 1985년에 발표한 '울면서 후회하네'라는 노래가 있습니다. 당시에 꽤 유행했었지요. 저도 이 노래를 좋아해서 많이 불렀는데 꺾는 부분이 어려워 잘 안 되었던 기억이 있습니다. 그 가사 중에 '아~ 스쳐만 지나갈 걸 그냥 그대로 있을 걸 당신 앞에 머뭇거린 내가 미워서 울면서 후회하네'라는 부분이 나옵니다. 이 노래의 절정이라고 할 수 있지요.

이 노래의 내용은 다른 가요처럼 뻔합니다. 한 사람을 만나 순정을 다 바쳐서 연애했는데 그가 나를 버리고 떠나가니 괴롭다는 것입니다. 이와 비슷한 노래들은 하도 많아 더 예를 들 필요도 없겠습니다. 가령 윤수일 씨가 1977년에 발표한 '사랑만은 않겠어요'라는 노래에도 '이렇게도 사랑이 괴로울 줄 알았다면 차라리 당신만은 만나지나 말 것을.. 그 추억이 또다시 온다 해도 사랑만은 안 하겠어요'라는 가사가 나옵니다. 이 노래 역시 당시에 엄청난 인기를 끌었었지요. 그래서 60대 이상은 모르는 이가 없을 정도로 유명한 노래입니다. 그런데 이런 노래들은 오래된 것이라 젊은 분들은 생소하지요? 그러면 비교적 최근 노래를 들어볼까요? 장혜진 씨가 2006년에 발표한 '다시는 마주치지 말자'라는 노래에서도 나를 버리고 떠난 그 사람을 두고 '다시는 마주치지 말자', 또 '다시는 마음 주지 말자'라고 읍소하고 있습니다. 이런 가사를 보고 있으면 애절하고 안쓰럽다는 느낌이 듭니다.

이런 노래를 접해보면 우리는 실연의 상처를 안은 사람들의 마음을 충분히 이해할 수 있습니다. 당신을 아예 만나지 않았으면 제일 좋았으련만 공연한 인연을 만들어 연애했다가 이렇게 마음에 아픈 상처를 입었다고 하니 말입니다. 그래서 당사자는 과거는 그렇다 치고 앞으로 다시는 사랑하지 않을 것은 물론이고 마주치지도 않겠다고 강하게 다짐을 합니다. 이런 인간적인 호소는 모두 이해할 수 있습니다. 하지만 카르마 법칙의 관점에서 보면 과연 이런 일이 마음대로 될까 하는 생각이 듭니다. 소매만 스쳐도 인연이라고 했는데 여기서는 이 정도가 아니라 깊은 연애까지 했으니 보통 인연이 아닙니다. 그러니까 이번 생에서 저 상대방과의 인연은 스쳐만 지나가는 것이 아니라 반드시 연애로 발전하는 관계라는 것을 알 수 있습니다. 관계가 이렇게 된 데에 어떤 이유가 있는지 잘 알 수 없습니다. 사람마다 다른 이유가 있을 테니 일률적으로 무엇이라고 말할 수 없겠지요.

그런데 이와 관련해서 한 가지 재미있는 사안이 있어 그것을 설명해보려고 합니다. 특히 주현미 씨의 노래 가사가 재미있습니다. 연애했던 사람과 그냥 스쳐만 지나가는 인연이 아니라는 것을 노래의 가사가 설명해주고 있어 재미있다고 하는 겁니다. 이 노래 가사를 보면 주인공이 처음에 애인 후보자를 만났을 때 그냥 스쳐만 지나갈 걸 공연히 '머뭇거렸다'라는 내용이 나옵니다. 여기서 압권은 머뭇거렸다는 것입니다. 이 사람은 왜 애인 후보자 앞에서 머뭇거렸을까요? 그냥 지나쳐도 되는데 말입니다. 제 추측에 이것은 당사자도 이번 인연이 그냥 지나치는 정도가 아니라는 것을 알아차린 것이라고 할 수 있습니다. 그런데 의식적으로 느낌이 온 것이 아니라 무의식으로 알아챈 것 아닐까 하는 생각입니다. 그래서 자기도 모르게 그냥 지나치지 않고 잠시 정지한 것입니다.

이럴 때 상대방도 무의식적으로나마 이번 인연이 심상한 것이 아니라는 것을 알았을 겁니다. 그래서 자기도 모르게 서로 말을 붙였을 것이고 그것이 발전되어 연애를 시작하게 됐을 겁니다. 그래서 이 두 사람은 그 뒤로 급속도로 가까워졌을 테지요. 그런데 왜 이 두 사람은 왜 이런 관계로 발전하게 됐을까요? 아마도 이 만남은 두 사람 사이에 어떤 풀리지 않은 카르마가 있기 때문에 발생한 것으로 생각됩니다. 이 풀리지 않은 카르마가 이전 생에서 온 것인지 아니면 이번 생의 것인지는 알 수 없지만 이 카르마가 두 사람을 다시 관계를 갖게 만든 것일 겁니다. 그래서 만일 이번 생에 그 카르마를 잘 풀고 두 사람 사이의 관계가 잘 정리된다면 그때에는 두 사람이 다시 만나지 않아도 됩니다. 물론 좋은 관계로 발전해서 그 인연이 평생 갈 수도 있습니다.

　여기서 중요한 것은 이런 일이 생겼을 때 부정적인 카르마를 더 이상 만들어내지 말라는 것입니다. 이번 생에 이 사람을 다시 만난 것은 풀리지 않은 카르마가 있기 때문이라고 했습니다. 그래서 그것이 풀리지 않으면 내생 언젠가 또 연애할 기회가 찾아왔을 때 '스쳐 지나치지' 못하고 다시 연애하는 관계를 시작하게 됩니다. 이렇게 되는 것은 당연한 것입니다. 지난 생에서 풀지 못한 숙제를 다시 풀어야 하니까요. 그래서 자기가 '사랑만은 (더 이상) 않겠어요'라고 떠들어봐야, 또 '다시는 마주치지 말자'라고 해봐야 그게 마음대로 되는 게 아닙니다. 이번 생에는 나에게 상처를 준 사람과 다시 마주치지 않을 수도 있습니다. 억지로 노력하면 이런 일이 가능합니다. 그러나 만일 풀어야 할 카르마가 남아 있다면 다음 생 언젠가는 또 만나서 그것을 푸는 시도를 해야 합니다. 이 카르마라는 것은 결코 없어지는 것이 아니기 때문에 이것은 어쩔 수 없는 일입니다.

　그런데 이 노래들의 가사를 보면 앞으로의 일이 이 노래를 하는 사람의 마음대로 진행되지 않을 것 같은 느낌이 드는군요. 왜냐하면 이 세 노래에서 당사자가 모두 부정적인 태도를 취하면서 그 관계를 정리했기 때문입니다. 즉, '(그 관계에 빠진) 내가 미워서 울면서 후회하네', 또 '사랑만은 않겠어요', '다시는 마주치지 말자'라고 했으니 말입니다. 이렇게 부정적인 태도를 보이는 것은 카르마를 새로 생성하는 지름길입니다. 앞에서 말하지 않았습니까? 한 사람을 사랑하는 것도 카르마를 만드는 것이고 미워하는 것도 카르마를 만드는 일이라고 말입니다.

이 사람이 이번 연애를 이렇게 끝낸 것은 상대방에게 지나치게 집착한 결과일 가능성이 큽니다. 그 같은 집착이 상대방에게 큰 부담감을 주어 나를 두고 떠나갔을 수 있습니다. 그런데 본인은 이것을 집착이라고 생각하지 않고 외려 상대방을 위해 모든 것을 바쳤다고 생각할 겁니다. 실제로 이 사람은 정성을 다해 상대방을 대했을 것입니다. 그러나 그런 것은 외려 거부감을 일으킬 수 있지요. 어쨌든 자신은 모든 것을 바쳤다고 생각하는데 상대방이 떠난다고 하니까 이 사람은 배신감에 휩싸일 것입니다. '아니 내가 자기를 얼마나 위해줬는데.. 어떻게 나를 떠나?' 하면서 말입니다. 사태가 여기까지 발전하면 이 사람의 감정은 곧 증오로 바뀌게 됩니다. '저 나쁜 xx가 나를 버려?' 혹은 '저 xx 때문에 내 인생 망쳤다'라고 생각하면서 말입니다.

이처럼 성숙하지 못한 감정을 갖는 것은 카르마를 만드는 첩경입니다. 추측하건대 당사자는 이번 생에 상대방을 만났을 때 과도한 집착이나 증오의 감정을 갖지 않는 연습을 하려고 이 만남을 기획했을 수도 있습니다. 그런데 안타깝게도 이전 생에 두 사람이 만났을 때처럼 또 부정적인 감정만 한껏 안고 관계를 끝냈습니다. 그러면 이러한 관계는 재연될 가능성이 크다고 했습니다. 부정적인 에너지를 극복할 수 있을 때까지 이런 일은 계속되기 때문입니다. 따라서 우리는 어떤 인간관계를 갖든지 부정적인 카르마를 만들지 않기 위해 비상한 노력을 기울여야 합니다. 부정적인 카르마를 만들지 않으려면 무엇보다도 과도한 애증 관계를 피해야 합니다. 격렬하게 사랑한다거나 지독하게 미워하는 그런 인간관계를 만들지 말라는 것입니다. 앞으로 그런 관계를 만들지 않는 것도 중요하지만 과거에 있었던 그런 관계를 잘 정리하는 것도 중요합니다. 가령 여러분들이 과거에 누구를 지독하게 사랑하거나 미워해서 그 감정이 아직도 많이 남아 있다면 한 번 다시 생각해보시기 바랍니다. 이 감정이 계속해서 새로운 카르마를 만들어내는지 아닌지를 말입니다.

남을 줄곧 미워하고 있으면 그것은 계속해서 부정적인 카르마를 만들기 때문에 본인에게 이로울 게 전혀 없습니다. 만일 그런 일이 있다면 마음을 비우기 위해, 아니면 적어도 가볍게 하려고 노력해야 합니다. 그 미움의 감정이나 집착의 마음을 가능한 한 적게 갖기 위해 노력해야 한다는 것입니다. 그렇게 하기 위해서는 한 발짝 물러서서 사태를 바라보는 작업을 해야 합니다. 이런 작업이 쉽지는 않습니다만 계속해서 노력하면 분명히 효과가 있습니다. 우리는 이렇게 하면서 우리에게 남아 있는 부정적인 카르마를 자꾸 줄여야 합니다. 그래야 더 자유로워질 수 있습니다. 비행기가 날 때 짐이 많으면 높이 날지 못합니다. 우리도 짐을 줄여서 더 큰 해방감을 느껴야 합니다. 이 노력은 분명 우리에게 큰 선물을 줄 것입니다.

"다시 못 올 그 먼 길을 어찌 혼자 가려 하오"

위의 문구는 노래 가사로서 김광석이라는 가수가 부른 '어느 60대 노부부의 이야기'라는 노래에 나옵니다. 이 노래는 가사나 선율이 애절해 많은 사람이 좋아합니다. 사실 이 노래는 김광석 씨가 원조 가수는 아닙니다. 원래는 김목경이라는 가수가 영국 유학 시절 앞집에 사는 노부부를 보고 감동한 나머지 만든 노래라고 합니다. 1990년에 발표했는데 그 뒤에 김광석 씨가 이 노래를 워낙 잘 불러 마치 그의 노래처럼 알려져 있습니다. 위의 가사는 노래의 맨 뒤에 나오는데 일생을 잘 살고 부인을 먼저 저세상으로 보내면서 서운한 마음과 함께 읊조린 것입니다. 흡사 부인이 조금 전에 운명해 그의 시신을 앞에 두고 하는 노래 같기도 합니다. 그래서 그런지 가사의 내용이 더 애절합니다.

사람들은 이 가사에 대해 다들 공감하는 것 같습니다. 저승 가는 길은 당연히 아득해 멀다고 생각하고 또 혼자 죽는 것이니 그 길도 당연히 혼자 간다고 생각하는 것입니다. 한국의 민간 신앙에는 사람이 죽을 때 저승사자가 와서 죽지 않으려는(?) 사람을 구인(拘引)해서 저승길로 끌고 간다는 믿음이 있습니다. 저승길 가는 사람이 너무도 가기 싫어하니까 저승사자들이 뒤에서 채찍으로 갈기면서 억지로 끌고 가는 것으로 묘사하고 있습니다. 기독교에서 말하는 것처럼 천사가 와서 망자를 데려가는 것이 아니라 범인처럼 붙잡아 가는 것으로 그리고 있는 것이지요. 한국인들은 이처럼 죽음을 아주 싫어하는데 그래서 그런지 그들은 그 길이 멀게 느껴지는 모양입니다. 그 길이 멀다고 생각하니 저승사자를 위해 노잣돈까지 준비했답니다. 물론 과거에 그랬다는 것이지 지금은 그런 관습이 거의 사라졌습니다.

그런가 하면 한국인은 저승이나 사후세계에 관한 생각을 확고하게 갖고 있지 않아 막연하게 저승은 먼 곳이라고 생각하는 경향이 있습니다. 한국인은 많은 경우 사후생을 인정하지 않는 유교의 영향으로 사후세계에 대해서 확고한 믿음을 갖고 있지 않습니다. 그 때문으로 생각되는데 한국인이 갖고 있는 저승관에는 일관성이 보이지 않습니다. 어떤 때는 저승을 멀게 묘사했다가 어떤 때는 가깝게 묘사하는 등 그 설명이 일관성이 결여된 것처럼 보입니다. 이에 대해서는 곧 다시 보게 됩니다.

다시 우리의 주제로 돌아가서, 이 노래에서 보이는 저승관은 한국인들에게는 상식처럼 들리지만 실상과는 다르다고 할 수 있습니다. 특히 카르마 법칙의 관점에서 보면 그렇습니다. 이에 대해 보기 전에 한국인이 생각하는 사후세계, 즉 저승에 대해서 잠깐 살펴보고 가는 게 좋겠습니다. 이 가사만 보면 한국인들은 저승이 아주 먼 데에 있는 것으로 생각하는 것 같습니다. 그런데 상여소리 같은 민속적인 이야기를 보면 저승에 대해 완전히 반대의 묘사가 나옵니다. 여기서는 저승이 아주 가까운 데에 있다고 설명하고 있기 때문입니다. 즉 '저승길이 멀다더니 대문 밖이 저승이다'라든가 '길모퉁이 돌아서면 저승이다'라는 것이 그것입니다. 그런가 하면 '북망산천이 머다하니 내 집 앞이 북망일세' 라는 표현도 많이 들어보았을 겁니다. 이것도 같은 선상에서 이해할 수 있습니다.

여기 나오는 북망산천은 사람이 죽어서 가는 곳을 일컫는 것인데, 북망산은 중국 낙양(洛陽)시의 북쪽에 있는 산을 말합니다. 낙양은 중국의 여러 왕조(후한, 북위, 수)의 수도(당, 송 때는 제2의 수도 역할을 함)였는데 상류층의 사람들이 죽으면 북망산에 묻었던 관계로 북망산천이 저승의 대명사처럼 되었습니다. 이런 생각이 한국에 들어와 마치 한국의 고유 관습처럼 되어버렸습니다. 이것은 기독교에서 요단강(요르단강) 건너면 저승(혹은 천국)이라고 생각하는 것과 비슷하다고 하겠습니다. 요단강도 이스라엘과 요르단 국경에 실재하는 강이지요? 옛 이스라엘 사람들은 이 강을 건너면 저승 혹은 천국으로 들어간다고 믿었다고 합니다.

이런 예에서 보면 한국인들은 저승이 아주 가까운 데에 있는 것으로 이해하고 있는 것을 알 수 있습니다. 앞에서는 저승이 아주 먼 곳에 있다고 하더니 여기서는 완전히 반대가 되고 말았습니다. 이것은 한국인들이 사후세계에 대해 확고한 견해를 갖지 않아 생긴 현상 같다고 앞에서 말했습니다. 저승관이 확고하게 잡혀 있지 않으니 어떤 때는 저승이 먼 곳에 있다고 했다가 어떤 때는 저승이 대문 바로 밖에 있다고 하는 것입니다. 이것은 한국인들이 과거에 가졌던 현세 중심적인 사고 때문에 일어난 현상으로 이해됩니다. 이 같은 사고는 지금도 그다지 바뀐 것 같지 않습니다. 한국인들의 이러한 성향은 그들이 좋아했던 속담을 보면 확실히 알 수 있습니다. 즉 '개똥밭에 굴러도 이승이 좋다'라든가 '거꾸로 매달려 살아도 이승이 좋다', '죽은 정승보다 산 개가 낫다'라는 것이 그것입니다. 한국인들은 이처럼 무조건 현세에서 연명하는 것을 좋아했습니다. 그러니 저승이나 사후세계에 관한 생각이 미약했던 것이지요.

사실 제가 이야기하고 싶은 것은 그런 것이 아니라 이 가사에 나타난 문제점입니다. 이 문구는 한 문장에 불과합니다. 그런데 이 짧은 문장에 많은 문제가 있습니다. 그 길이에 비해 문제가 많은 것으로 보입니다. 굳이 말한다면 적어도 세 가지의 문제점이 발견됩니다. 한번 이 세 가지 문제를 차근차근 볼까요?

우선 '다시 못 올'이라는 부분입니다. 한국인을 비롯해 많은 사람은 인간이 한 번 죽으면 다시 태어나지 못하는 걸로 알고 있습니다. 그래서 상여소리에도 '이제 가면 언제 오나'와 같은 문구가 등장하는 것입니다. 이 같은 생각이 단견이라는 것은 여러분들도 이제는 어렵지 않게 아시겠지요? 여기까지 읽은 독자라면 이 생각이 잘못됐다는 것을 곧 알 수 있다는 것입니다. 카르마 법칙에 따르면 우리는 '다시 못 올'이 아니라 또 '숱하게 올' 예정으로 이승을 떠나는 것입니다. 그리고 이전에도 숱하게 왔다가 갔고요. 이전에 얼마나 자주 이 세상에 태어났는가는 사람마다 다르니 일률적으로 말할 수 없습니다마는 수십, 수백 번 태어난 것이 틀림없습니다.

　이 점은 카르마 법칙의 입장에서는 너무나 자명한 것이라 더 이야기할 것도 없습니다. 물론 이번 생에 지니고 산 인격과 몸을 다시 받지는 않겠지요. 이것들은 이번 생이 끝나면 자동으로 소멸됩니다. 그래서 이번 생만 국한해서 말한다면 위의 이야기는 맞는 말입니다. 그러나 이 가사를 조금 더 정확하게 표현하면 이치에 닿을 겁니다. 즉, 그냥 '다시 못 올'이 아니라 '이 몸과 마음으로는 다시 못 올'이라고 말입니다. 이렇게 하는 게 정확하기는 한데 이런 표현은 조금 복잡합니다. 사정이 어떻든 사랑하는 사람과 사별하는 것은 분명히 슬픈 일입니다. 내가 그렇게 좋아했던 그 모습과 인격은 지구상에서 완전히 사라지기 때문입니다. 불교에서는 이 몸뚱어리를 색신(色身)이라고 표현하는데 이 몸, 그리고 그 안에 담긴 인격은 다시 만날 수 없으니 슬플 수밖에 없을 것입니다.

　그다음으로 문제 되는 표현은 '먼 길'입니다. 이게 왜 문제인지 여러분들은 금세 곧 그 답을 아시겠지요? 그렇습니다. 사후세계는 지리적으로 표현하면 안 됩니다. 우리가 죽으면, 즉 몸을 벗으면 우리의 존재 양태가 육신이라는 물질에서 영혼이라는 에너지의 상태로 바뀌게 됩니다. 그런데 여기에는 멀다, 가깝다와 같은 물리적인 개념이 적용되지 않습니다. 에너지 차원이니 멀고 가깝고 할 것이 없습니다. 단지 차원이 바뀌는 것입니다. 그러니까 죽음이라는 사건은 차원의 이동을 의미하지, 같은 차원에서 벌어지는 일이 아니라는 것입니다. 더 구체적으로 말하면 죽음이라는 사건은 한 차원 더 높은 곳으로 이동하는 사건을 말합니다.

여기서 재미있는 것은 이 차원들 사이에는 위계가 있다는 것입니다. 한 차원이 높아지면 밑의 차원에서는 위의 차원이 보이지 않지만 위의 차원에서는 밑의 차원을 관찰할 수 있습니다. 이것은 다른 장에서 이미 말한 것입니다. 다시 말하지만 한 차원 높은 곳에 있는 영혼들은 이 물질계에서 일어나는 일을 다 볼 수 있지만 그 반대는 가능하지 않다고 했습니다. 이것을 우리에게 적용해서 말하면, 먼저 사후 세계로 간 부모님들은 자손인 우리가 어떤 생각을 하고 사는지, 더 나아가서 앞으로 어떤 일을 겪을지에 대해 알고 있다는 것입니다.

미래에 대한 예측 문제가 나와서 하는 말인데 우리가 사는 이 3차원의 세계에서는 시간이 과거에서 미래로 흐른다고 생각하기 때문에 미래를 예측하는 일이 불가능합니다. 미래는 '未來'라는 말 그대로 아직 오지 않았기 때문에 알 수 없는 것이지요. 아직 오지 않았으니 알 방법이 없는 것입니다. 그에 비해 영혼들의 세계에는 3차원식의 시공 개념이 존재하지 않습니다. 이 차원에는 특히 시간이라는 개념이 존재하지 않습니다. 이 차원에서는 과거, 현재, 미래가 동시에 존재한다고 할 수 있습니다. 영혼들이 미래를 알 수 있는 것은 바로 여기서 연유합니다. 현재나 미래가 동시에 존재하니 미래가 보이는 것입니다.

그런데 아무리 이렇게 말해도 우리가 사는 이 3차원 세계에서 한 단계 높은 4차원 세계를 이해하는 것은 매우 어려운 일입니다. 거칠지만 굳이 비유해서 말하면 이것은 초등학생이 대학생을 이해하려는 것과 비슷하지 않을까 싶습니다. 초등학생이 아무리 용을 쓴 들 대학생의 세계를 알 수는 없는 것 아닙니까? 조금 어려울 수 있지만 다른 예를 들어볼까요? 우리가 4차원의 세계를 이해할 수 없듯이 우리보다 한 차원 아래인 2차원의 세계에서는 우리의 3차원 세계를 이해할 수 없습니다. 이게 무슨 말인지 알기 위해 상상 실험을 해보지요.

2차원은 면만 있는 세계입니다. 부피가 없다는 것이지요. 이런 세계에 개미 한 마리가 있다고 상상해봅시다. 물론 부피는 없고 면으로만 존재하는 개미입니다. 이 개미는 3차원에 사는 우리를 제대로 보지 못합니다. 만일 본다면 그는 우리를 면으로만 파악할 겁니다. 입체로 되어 있는 우리의 모습을 면으로 나누어서 판단한다는 것입니다. 이런 상황에서 우리가 다른 개미를 이 개미 앞에 놓는다고 상상해봅시다. 그러면 이 개미의 입장에서는 다른 개미가 갑자기 나타나는 것처럼 보일 것입니다. 없던 것이 나타났기 때문입니다. 그러나 우리의 입장에서는 이 두 개미가 어디에 있든 다 보입니다. 이게 바로 차원의 차이입니다. 높은 차원에서는 밑의 차원이 다 보이는데 낮은 차원에서는 위의 차원을 제대로 볼 수 없습니다. 전혀 보이지 않는다는 것은 아니고 자신들의 차원이 갖고 있는 시각으로만 본다는 것입니다.

그래서 이 문제에 대해 잠정적인 결론을 내린다면 저승은 결코 먼 곳에 있는 것이 아닙니다. 지금 여기서 내가 몸을 벗고 영혼 상태가 되면 바로 그곳이 저승이 되기 때문입니다. 이처럼 저승은 물리적인 개념으로 이해해서는 안 되고 차원이 다른 것으로 이해해야 합니다. 서로 차원이 다르니 물리적인 차원의 관점에서 이해해서는 안 됩니다. 물질이 움직이는 것이 아니라 존재의 양태가 바뀌는 것이기 때문입니다.

 이 문제는 이해했을 줄로 믿고 다음 가사로 넘어가겠습니다. 바로 다음에 나오는 가사는 '어찌 혼자 가려 하오'입니다. 앞에서 저승길이 멀다고 했는데 그 길을 혼자 간다고 하니 걱정도 되고 섭섭한 마음도 있는 것 같습니다. 우리가 태어날 때는 여러 사람 가운데로 태어나지만 죽을 때에는 철저하게 혼자 죽는 것 같으니까 이렇게 생각한 것 같습니다. 그리고 아내가 나와 같이 가지 않고 혼자만 가는 데에 대한 섭섭함도 보입니다. '여기 날 홀로 두고' 간다고 하니 말입니다. 이 표현은 틀린 것은 아닙니다. 일단 아내는 떠났으니 여기 남은 것은 나밖에 없기 때문입니다. 문제가 되는 표현은 그다음에 나오는 것처럼 아내가 나를 두고 혼자 간다고 하는 것입니다. 이런 이야기들은 다 그럴듯하게 들립니다. 그러나 죽음학이나 카르마의 입장에서 보면 문제가 있는 표현이라고 할 수 있습니다. 쉽게 말하면 이것은 실상(實相)을 잘못 알고 있는 것입니다.

 단도직입적으로 말해 저승길은 절대 혼자 가지 않습니다. 이 상황을 가장 잘 설명해주는 것이 바로 근사체험자들의 경험담입니다. 근사 체험이라는 것은 의학적으로 죽었다고 선고받은 사람들이 다시 살아나 그들이 영혼 상태에서 겪은 체험을 말한다고 했습니다. 이 근사 체험은 특히 의사들이 과학적으로 접근했기 때문에 신빙성이 높습니다. 그런데 이 체험을 한 사람들은 한결같이 이렇게 말합니다. 육신에서 벗어나서 영혼의 세계로 가니 나를 맞이하는 영혼이 많았다고 말입니다. 그들의 증언에 따르면 그보다 먼저 세상을 뜬 사람들, 즉 부모님이나 배우자, 친척 등의 영혼이 나를 맞이하러 대기하고 있다고 합니다. 그들은 내가 영혼 상태가 되리라는 것, 즉 내가 죽을 것이라는 것을 알고 기다리고 있었던 것입니다. 그뿐만이 아닙니다. 평생 나를 지켜주었던 수호령도 보이고 어떤 때에는 처음 보는 영혼인데 상당히 친밀한 영혼이 나타나는 경우도 있다고 합니다.

이 가운데에는 나를 안내해주는 영혼도 있다고 합니다. 스베덴보리에 따르면 우리가 죽음이 코앞에 와 있는 상태가 되면 안내령들이 침상 가에 나타나서 기다린다고 하지요. 곧 육신을 빠져나올 우리의 영혼을 맞이해서 안내하려는 것입니다(절대로 잡아가는 것이 아닙니다!). 또 임종 직전에 처한 사람들이 증언한 바에 의하면 이미 죽은 지인들의 영혼이 침상 앞에 나타나는 경우도 있다는데 임종자는 그 영혼을 목격할 수 있다고 합니다. 이것을 학술용어로는 '임종 침상 비전(death bed vision)'이라고 합니다. 이런 예가 많기 때문에 학술용어가 생긴 것인데 이에 대해서는 국내에도 번역된 피터 펜윅의 『죽음의 기술』이라는 책을 추천합니다. 이 책에는 이에 대한 실례가 많이 소개되어 있습니다.

최근에 제가 접한 가장 극적인 임종 침상 비전은 스티브 잡스가 겪은 것입니다. 그는 임종 직전에 '오 와우, 오 와우'라는 감탄사를 반복했다고 하더군요. 무언가 대단한 것을 보았던 것 같은데 추측하자면 그는 아마 이미 타계한 지인들의 영혼을 보았을 것입니다. 그런데 그 영혼들이 그냥 나타난 것이 아니라 찬란하게 빛을 발했을 겁니다. 영혼들이 나타날 때는 대부분 아주 환한 빛이 동반되니까 그것을 보고 잡스가 찬탄한 것 아닌가 합니다. 이런 예는 근사체험자들에게서도 많이 발견되니 관심 있는 분들은 그 방면의 책을 참고하시기 바랍니다.

이 같은 여러 경험들을 보면 우리는 죽을 때 결코 혼자가 아니라는 것을 알 수 있습니다. 따라서 만일 이런 믿음에 동의한다면 이승을 떠나는 분들을 걱정할 필요가 전혀 없겠습니다. 그분들은 다른 세계에 들어가 다른 차원에 있는 영혼들과 잘 지낼 테니 말입니다. 걱정인 것은 사랑하는 분을 여의고 이 거친 세상에 남아 계속 살아야 하는 우리가 아닐지 모르겠습니다. 그래서 평소에 저는 사람이 죽을 때 진짜 슬퍼할 사람은 그 가족이 아니라 당사자라고 엉뚱한 이야기를 합니다. 왜냐하면 임종자 자신은 이제 무사히 생을 마치고 쉬러 영계로 가는데 자식들은 이 힘든 사바세계에서 더 고생해야 하니 그것을 생각하면 슬프지 않겠느냐는 것입니다.

저는 이에 대해 이런 비유를 들었었지요? 임종자는 방학을 맞이해서 쉬러 가는 사람이고 자식들은 방학을 맞이하려면 아직도 세월이 한참 남은 사람이라고 말입니다. 자식들은 이 힘든 사바세계에서 더 고생해야 하니 그런 자식을 두고 가는 마음이 쓰리겠지요. 그런가 하면 저는 자식들도 부모의 임종을 슬퍼할 필요가 없다는 조언 아닌 조언을 많이 했습니다. 왜냐하면 죽음이란 고치에 있는 애벌레가 나비가 되어 날아가듯이 새로운 차원으로 진입하는 사건이기 때문입니다. 이렇게 보면 부모의 임종을 슬퍼할 것이 아니라 외려 축하해야 하지 않을까 하는 생각마저 드는군요. 이렇게 죽음 이야기는 끝이 없습니다.

"누가 낳아 달라고 했어? 낳았으면 책임지던가"

여러분들은 위와 같은 어이없는 말을 들어본 경험이 있을 겁니다. 이 말은 부모에게 큰 불만을 가진 아이들이 되바라지게 내뱉는 말입니다. 이번 생에 자신의 주위 환경이 열악하게 돌아간다고 생각해 자신도 모르게 그 불행을 부모에게 돌리는 것입니다. 특히 부모가 가난해서 자식들의 뒷바라지를 하지 못하면 자식들이 이런 이야기를 하는 경우가 있습니다. 이들이 하는 불평은 대략 이렇게 해석될 수 있겠지요. 이렇게 환경이 좋지 않은데 왜 자기와는 한 마디 상의도 하지 않고 당신들 마음대로 나를 낳았냐는 것입니다. 이것을 조금 더 구체적으로 말하면 다음과 같습니다. 집이 이렇게 가난한데 이런 환경에 자랄 자식들의 어려움을 생각해보지 않고 당신들이 성적인 관계를 해서 왜 무책임하게 나를 낳았냐는 것이지요.

이런 이야기를 들은 부모들은 황당할 겁니다. '내가 저를 키우려고 얼마나 힘들었는데 저런 망발에 가까운 소리를 하나' 하고 말입니다. 그런가 하면 자식이 하는 이 같은 이야기가 무엇인가 잘못된 것 같은데 그것을 확실하게 꼬집지 못하니 뭐라고 대꾸도 하지 못합니다. 자식이 자신과 상의도 없이 자신을 낳았다고 항변하는데 사실 그 자식을 낳을 때는 그가 이 세상에 존재하기 전이니 상의하고 싶어도 할 수 없었을 겁니다. 그러니 자식을 낳을 때 그 자식과 상의하고 낳는 것은 어불성설입니다. 그보다는 사람들이 결혼하면 그냥 자식을 낳으니 자신도 별생각 없이 그렇게 한 것뿐입니다. 따라서 자식이 '누가 낳아달라고 했어?'라고 물으면 할 말이 없습니다. 분명히 그런 응낙을 받고 낳은 것은 아니기 때문입니다.

이와 비슷한 의미를 가진 문구로 '어머니 왜 나를 낳으셨나요?'라는 것이 있습니다. 이것은 노래 제목인데 1972년에 한국 유일(?)의 시각장애인 가수인 이용복 씨가 발표한 노래입니다. 이 노래는 원래 이탈리아의 유명한 대중음악 작곡가인 루치오 달라가 1971년에 열린 산레모 가요제에서 발표한 곡입니다(원래 제목은 '1943년 3월 4일생'). 달라는 루치아노 파파로티와 같이 부른 '카루소'라는 곡의 작곡가로 유명하지요. 여러분들도 이 노래는 다 아실 겁니다. 그는 사생아로 태어난 자신의 처지를 생각하며 이 노래(1943년 3월 4일생)를 만들었다고 합니다. 그는 정상적이지 않은 자신의 출생을 두고 왜 모친이 자기를 낳았을까 하는 의문을 가진 것입니다. 이렇게 처지가 특이하지 않더라도 우리는 모친에게 이런 질문을 하는 경우가 적지 않게 있습니다. 즉 자신을 임신할 때 도대체 무슨 생각을 하면서 나를 가졌냐고 말입니다.

그런가 하면 자신의 외모 같은 것이 다른 사람에 비해 많이 달릴 때 종종 우리는 '모친이 이렇게 낳아주었으니 내가 어찌 할 수 있겠는가'하는 푸념을 하는 경우가 있습니다. 이것은 외모 같은 나의 외적인 조건은 내가 어찌 할 수 있는 것이 아니고 모두 부모의 소관 사항이라는 생각에서 비롯된 것입니다. 물론 그 반대의 경우도 있습니다. 수려한 외모를 갖고 태어난 사람들은 모친이 자신을 그렇게 낳아주신 데에 대해 감사의 마음을 갖기도 합니다. 사람들이 이렇게 생각하는 데에는 모두 자신의 출생이나 자신이 지니고 있는 여건의 형성이 자기의 의지와는 관계없이 이루어졌다는 가정이 깔려 있습니다. 그래서 이런 말을 종종 하기도 합니다. '내가 태어날 때는 내 의지대로 하지 못했지만 죽는 것은 내가 결정하고 싶다'와 같은 말 말입니다. 이 말도 깊게 분석해보면 문제가 많은 발언인데 이에 대한 설명은 지면상 그냥 지나치기로 하겠습니다.

　　그런데 이런 생각이 과연 사실이라고 할 수 있을까요? 여기서 우리는 다시금 카르마 법칙을 되뇌게 됩니다. 카르마 법칙에 따르면 위에서 말한 사람들의 생각은 단견, 즉 짧은 생각이라고 할 수 있습니다. 위의 생각은 이번 한 생만 염두에 놓고 하는 것이기 때문에 그렇게 말할 수 있습니다. 그러나 카르마 법칙에서 주장하는 것처럼 인간이 수많은 생을 거듭해서 환생한다는 사실을 받아들인다면 위의 생각은 수정해야 할 것입니다. 어떻게 고쳐야 할까요? 여기까지 읽은 독자라면 대강의 답이 떠오를 겁니다. 그러나 복습하는 차원에서 다시 한번 정리해보겠습니다.

　　여러분들이 다 아시는 것처럼 카르마 법칙에 따르면 우리가 이 세상에 출현한 것은 절대로 우연이 아닙니다. 이 세상에 태어날 때가 되어서 나온 것입니다. 또 내가 지금 이 같은 모습과 성격 혹은 어떤 특정한 능력을 가지고 있는 것은 모두 카르마 법칙에 따라 내가 정한 것이라고 할 수 있습니다. 그뿐만이 아니지요. 이번 생에 내가 태어난 주변 환경에서 겪게 되는 사건들 역시 내가 정해서 온다고 했습니다. 그러니까 내가 이번 생에 어떤 가정에 태어나서 누구를 부모로 삼고 어떤 형제자매들을 갖게 되는지가 모두 내가 기획한 것이라는 것입니다. 그런가 하면 우리는 일생을 살면서 여러 사건을 겪게 되는데 그 가운데 중요한 것들은 내가 미리 기획한 것이라고 합니다.

이렇게 말하면 여러분들은 이렇게 반문할지도 모릅니다. 즉 모든 것이 이렇게 정해져 있다면 '나는 무엇인가? 나는 로봇에 불과한 것 아닌가'와 같은 의문이 들 수 있겠지요. 그런데 카르마 법칙의 대원칙이 무엇이라고 했습니까? 우리가 이 세상에 태어나는 것은, 즉 출세한 이유는 카르마적으로 아직 풀지 못한 것을 해결하기 위해서라고 했습니다. 그리고 그 문제의 해결을 통해 영적인 성장을 도모하기 위해서라고 했습니다. 특히 도덕적으로 잘못된 일을 했을 때 우리는 반드시 그것으로 생겨난 부정적인 에너지를 해소해야 합니다. 이처럼 우리는 새로운 생을 받을 때 그 생을 그것에 맞게 디자인하게 됩니다. 우리가 이번 생에 다양한 여러 조건들을 가지고 태어나는 것은 이 같은 조건들이 자신의 카르마를 푸는 데 최적이기 때문입니다.

예를 들어볼까요? 자기의 부친과 풀어야 할 큰 카르마가 있는 어떤 여성이 있습니다. 이전 생에 이 두 사람은 부정적인 에너지로 얽혀 있었습니다. 그때에도 이 두 사람은 부녀지간이었습니다. 그런데 당시의 아빠는 알코올 중독에다가 구타를 일삼았고 어떤 때는 성폭력까지 자행했습니다. 상태가 이 정도 되면 이 두 사람 사이에는 아주 좋지 않은 에너지가 형성됩니다. 이러한 상황은 두 사람의 영적인 성장을 가로막게 됩니다. 앞으로 영적으로 진정한 진보를 이루려면 이 문제를 가장 먼저 해결해야 합니다. 상황이 이렇다면 아마도 이런 가정을 해볼 수 있습니다. 이 두 사람은 태어나기 전에 영혼의 상태로 있을 때 지상에 다시 태어나서 이 문제의 해결에 다시 도전해보자고 합의했을 수 있습니다. 다음 생에도 다시 부녀간으로 태어나서 이 문제를 풀어보자고 했을 수도 있다는 것이지요. 그런데 이런 약속을 하고 다시 태어난다고 해도 반드시 성공하는 것은 아닙니다. 우리가 이 세상에 태어났을 때 이전 생에 대한 기억이 나지 않기 때문에 또 이전에 했던 실수를 반복할 수 있습니다.

그런데 우리가 이처럼 이전 생을 기억하지 못하는 것은 이번 생에 새로운 시도를 해보라는 배려의 차원이라고 합니다. 이전 생과 같은 해법을 사용하면 이번 생에서도 문제 해결에 실패할 수 있으니 아예 기억나지 않게 한 것입니다. 그렇게 함으로써 이번 생에는 지난 생과는 다른 새로운 접근법을 사용해보라고 하는 것이지요. 이것은 카르마 법칙이 제공하는 선심이라고 할 수 있습니다. 그런데 문제는 우리가 지난 생에서 택했다가 실패했던 그 시도까지 가져와서 그만 자기도 모르게 이전의 실수를 반복하는 경우가 있다고 하더군요. 같은 방법을 사용했으니 문제가 해결되지 않겠지요.

여러분들이 이런 이야기를 들으면 어떻게 믿을 수 있냐고 하면서 고개를 갸우뚱거릴지 모릅니다. 그러나 이것은 공연(空然)한 상상에서 나온 것이 아니라 나름대로 학술적인 연구를 통해 나온 결과입니다. 이것을 밝힌 사람들은 역행 최면이나 영매 등을 이용하여 연구한 사람입니다. 그중에 대표적인 사람을 꼽으라면 역행 최면을 활용한 마이클 뉴턴과 영매를 이용한 로버트 슈워츠입니다. 뉴턴의 대표적인 저서로는 『영혼들의 여행』이 있고 슈워츠는 『웰컴투 지구별』이라는 저서가 있습니다. 그들의 연구에 따르면 우리는 태어나기 전에 이번 생에 갖게 될 인간관계나 겪을 사건에 대해 그 대강을 기획하고 온다고 합니다. 그러니까 우리가 영혼의 형태로 영계에 머물 때 이런 일을 한다는 것입니다. 특히 슈워츠의 책을 보면 영혼들이 자신들의 다음 생을 디자인하는 모습이 생생하게 나와 있습니다.

그의 주장에 따르면 내가 어떤 환경에서 태어나서 어떤 사람과 중요한 인연을 맺고 어떤 주요한 사건을 겪을지에 대해 이때 결정한다고 합니다. 예를 들어 '나는 이번 생에 장애인이 되어 나의 비상한 능력을 발전시키겠다', 혹은 '(장애인이 되어) 다른 사람들의 돌봄을 받으면서 사랑받는 법을 배우겠다'라고 작정을 하고 그런 식으로 다음 생을 짤 수 있습니다. 아니면 '나는 다음 생에 훌륭한 교사가 되어 다른 사람들에게 훌륭한 지식을 전하겠다'라고 결정할 수도 있습니다. 이 사람이 이런 결정을 한 것은 이전 생에서 어떤 훌륭한 교사로부터 많은 감화를 받았기 때문일 것입니다. 이처럼 모든 사건은 그 이전 사건의 결과이고 동시에 원인(카르마)이 되어 다음 사건을 발생시키는 데에 일정한 역할을 합니다.

앞에서 제가 누누이 강조했지요? 세상에 우연인 사건은 없다고 말입니다. 모든 사건은 이렇게 사전에 기획된 것인데 이때 반드시 등장하는 존재가 있습니다. 고급령 말입니다. 사실 자신의 생을 디자인하는 것은 모든 면에서 평범하기 짝이 없는 우리가 할 수 있는 일이 아닙니다. 이 기획은 매우 정밀하게 짜야 하기 때문에 고도의 지성을 갖춘 존재가 아니면 할 수 없을 것입니다. 다양한 관계와 사건의 발생을 기획할 때 이것은 모두 당사자의 카르마를 전체적으로 고려해서 하는 것입니다. 당사자가 갖고 있는 엄청나게 많은 카르마 중에 이번 생에 어떤 카르마를 해소할지를 결정하는 것은 고급령 같은 모든 것에 달통한 영혼이 아니면 이행하기 힘들 것입니다. 그래서 고급령들이 와서 우리에게 많은 도움을 준다고 하는데 이들에 대해서는 여러분도 들어보신 적이 있을 겁니다.

이들은 이 지상에서 소멸해야 할 카르마를 다 소진한, 영적으로 매우 뛰어난 영혼입니다. 그래서 이들에게는 '지구 학교 졸업생'이라는 별명을 붙여주기도 합니다. 그러니까 이들은 거친 세계인 지상에서 배울 것은 다 배운 마스터 같은 존재들입니다. 그들은 영계에 상존하면서 우리 같은 평범한 영혼들을 돕고 있다고 합니다. 지상의 사정에만 밝은 우리들은 이런 이야기들이 선뜻 믿기지 않겠지만 이 방면의 전문가들은 한결같이 이렇게 말하고 있습니다.

우리의 삶에서 일어나는 일들이 미리 기획된 것이라는 것을 알 수 있는 방법이 또 있습니다. 그것은 점술과 관계된 것입니다. 우리는 자신의 영적인 힘을 이용해 점을 치는 사람들을 잘 알고 있습니다. 무당이 그 대표적인 사람이겠지요. 이 사람들이 점을 칠 수 있는 것은 미래의 사건이 정해져 있기 때문입니다. 그렇지 않고는 이 사람들이 다른 사람의 미래를 알아낼 수 있는 방법이 없습니다. 우리가 이번 생에 어떤 일을 겪을지는 모두 우리의 무의식 안에 저장되어 있다고 했습니다. 점을 치는 사람들은 바로 이 정보를 읽어낼 수 있는 특수한 능력을 가진 사람입니다. 그런 사람들 가운데에 영이 맑고 순수한 사람들은 더 정확하게 미래를 예언할 수 있습니다. 영과 마음이 깨끗하니까 굴절되지 않은 정보를 접할 수 있는 것이지요.

이 정도 설명이면 '누가 나를 낳아달라고 했어?'라는 질문이 얼마나 중심 과녁에서 벗어난 것인지 알 수 있겠지요? 내가 이 세상에 나온 것은 내 의지대로 나온 것이지 부모들이 자기 마음대로 결정한 것이 아니라는 것입니다. 자식은 부모들이 낳고 싶다고 낳는 것이 아니라 인연에 따라 결정되는 것입니다. 그런데 우리는 이 사바세계에 태어나는 것을 싫어할 수 있습니다. 그러나 마지막에 이 생사고해(生死苦海)에 나오기로 결정한 것은 자신이지 다른 어떤 누구도 아닙니다. 따라서 책임을 다른 이에게 돌리면 안 됩니다. 외려 그 반대가 되어야 합니다. 내가 이 세상에 태어나 내 카르마를 소멸할 수 있는 기회를 준 부모님에게 감사해야 한다는 것입니다.

그중에서도 특히 모친에게 큰 감사의 마음을 가져야 합니다. 모친은 열 달 동안 나를 임신하면서 온갖 불편을 감수한 분입니다. 임신하고 아기를 낳는 일이 얼마나 번거로운지는 이 일을 해본 여성들은 다 아실 겁니다. 그런가 하면 모친은 나를 기르기 위해 정성을 다한 분입니다. 아기를 키우는 게 얼마나 힘든지는 알 만한 사람은 다 아는 평범한 상식입니다. 그러니 '낳았으니 책임져라'라는 말은 배은망덕도 그런 배은망덕이 없는 말입니다. 그런 말을 하면 좋지 않은 카르마가 생깁니다. 그러니 자신을 위해서라도 그런 말을 삼가는 게 좋겠습니다.

"죽음이 갈라놓을 때까지
서로를 사랑하겠습니까?"

　이 문구는 교회에서 행해지는 결혼식에 가면 듣는 것입니다. 목사가 신랑, 신부에게 하는 질문이지요. 사실 이 앞에 '기쁘거나 슬프거나 아프거나 병들지라도…'라는 문구가 더 있습니다. 그러니까 죽기 전까지는 어떤 일이 있어도 서로를 돌보고 사랑하라는 것이지요. 그 취지는 얼마든지 이해할 수 있습니다. 그런데 저는 이 말을 들을 때마다 고개가 갸우뚱해집니다. 그것은 두 가지 이유에서입니다.

　먼저 기독교(신구교)의 관점에서 보겠습니다. 기독교는 내세를 인정하는 종교입니다. 그런데 위의 문구는 내세를 인정하지 않는 듯한 내용을 갖고 있습니다. '죽음이 갈라놓을 때까지'라고 하니 흡사 인생은 죽으면 다 끝이니까 그때까지만 서로 사랑하라는 것처럼 들립니다. 만일 기독교의 교리대로 내세가 존재한다면 한 평생 같이 잘 살았던 부부가 죽는다고 갈라서는 것은 아니지 않겠습니까? 그 대신 하느님의 뜻에 따라 맺어진 부부관계는 내세에서도 계속된다고 보는 게 더 기독교다운 해석이 아닐까요? 그렇지 않습니까? 부부관계라는 것은 신의 의지에 따라 생긴 인연일 텐데 죽는다고 그 인연이 없어진다고 생각하는 것은 신의 능력을 낮추어 보는 것으로 비춰질 수 있습니다. 게다가 내세가 있는데 왜 부부가 헤어진답니까? 내세에서도 같은 인연이 지속된다고 보는 게 더 기독교다울 것으로 생각됩니다. 더구나 부부의 연은 신이 정한 것이니 그게 죽음 때문에 이어지지 못한다는 것은 한마디로 어불성설입니다. 기독교의 결혼관에는 이러한 생각이 깔려 있기 때문에 이혼을 불허하는 것입니다. 특히 가톨릭이 그런데 이 종파에서는 결혼을 '혼인 성사'로 부릅니다. 이것은 인간의 결혼이 인간이 임의로 행한 것이 아니라 신의 이름으로 한 것이라는 것을 뜻합니다. 다시 말해 인간이 결혼하는 것은 신이 맺어준 것이기 때문에 인간이 마음대로 이혼할 수 없습니다. 이런 태도가 밖에서 보기에는 비이성적으로 들릴지 모르지만 유신론적 종교가 이렇게 하는 것은 이상한 일이 아닙니다. 인간계에서 벌어지는 일에는 항상 신이 개입하기 때문입니다.

그런데 기독교의 이 이야기가 꼭 틀렸다고 생각되지는 않습니다. 왜냐하면 대부분의 부부는 죽는 때가 다르기 때문입니다. 사실 부부가 동시에 죽는 것은 사고사가 아닌 한 거의 일어나지 않는 일입니다. 부부가 때를 달리해서 죽으면 한 사람만 남게 되니까 그것은 분명히 이별이라고 할 수 있습니다. 그런 경우에는 죽음이 두 사람을 갈라놓았다고 할 수 있습니다. 그러나 그 경우에도 지상에 살아 있는 배우자마저 죽으면 이 부부는 내세에서 영혼으로 다시 만난다고 보는 게 기독교적인 믿음일 것입니다. 이렇게 되면 이 생의 부부는 죽은 다음에 만나게 되는 것이니 '죽음이 갈라놓는다'라는 말이 무색해집니다.

이처럼 이번 생에 부부 연을 맺은 사람은 내생에서도 같이 있게 되는 것이 기독교적인 믿음인 것 같은데 신비가들의 견해는 조금 다르더군요. 특히 스베덴보리가 그렇습니다. 이것은 앞에서 한 번 거론한 사안입니다. 스베덴보리는 사후세계를 6등급으로 나눈 것으로 유명합니다. 천계에 3단계, 지하에 3단계가 그것인데 사람들은 죽게 되면 그가 생전에 한 일에 따라 이 6단계 중의 하나에 배속됩니다. 그런데 그곳으로 가기 전에 일종의 중간 단계 같은 데에서 심판(?)을 받는다고 하더군요. 그리고 그 결과에 따라 해당 영혼이 그의 수준에 맞는 곳으로 배당된다고 합니다. 이때 말하는 6단계라는 것은 스베덴보리가 해석한 것으로 '6'을 고정된 숫자로 생각하지 말고 상징적인 숫자로 받아들이면 좋겠습니다. 그런데 스베덴보리에 따르면 앞에서 말한 것처럼 지상에서 부부의 연을 맺고 살았던 사람들이 이 중간 단계에서 심판을 받은 뒤 같은 곳으로 가지 않고 다른 곳, 즉 다른 단계로 가는 사례가 많다고 합니다. 지상에서 수십 년을 같이 살았으니 당연히 죽어서도 같은 곳으로 갈 것 같은데 실제는 그게 아니라고 하니 재미있습니다.

원불교를 창시한 소태산도 비슷한 말씀을 남겼다고 했습니다. 부부의 연이 대단한 것 같지만 그것은 흡사 모르는 남녀가 하룻밤 동숙한 것에 불과하다는 것이 그것입니다. 이번 생 하나만 두고 보면 부부의 인연이 엄청난 것 같지만 우리가 지금까지 산 수백 생의 입장에서 보면 그것은 많은 인연 중의 하나에 불과하다는 것이지요. 미시적인 시각이 아니라 거시적인 시각으로 보면 그럴 수 있겠다는 생각이 듭니다. 이렇게 비유해보지요. 우리가 숲 안에 있다고 상정합시다. 그러면 지금 내 앞에 있는 나무는 거대하고 대단한 세를 갖고 있는 것처럼 보입니다. 그러나 비행기 같은 것을 타고 공중 높은 곳에서 보면 내가 본 거대한 나무는 그 많은 나무 중의 하나에 불과합니다. 그래서 숲 전체만 보일 뿐 나무 하나는 잘 보이지 않습니다. 우리가 지금까지 겪은 수많은 다생(多生)에 비하면 지금 내가 사는 현생의 단생(單生)은 그리 대단한 것이 아닐 수 있겠다는 생각입니다.

지금까지 본 것은 기독교 같은 기성 종교의 입장에서 바라본 것인데 두 번째 입장인 카르마 법칙의 입장도 앞의 것과 크게 다르지 않습니다. 카르마 법칙의 입장에서 볼 때 부부를 갈라놓을 수 있는 것이 있다면 그것은 죽음이 아니라 두 사람이 쌓아온 카르마뿐입니다. 이 이야기는 여러분들도 충분히 이해할 수 있겠지요? 앞에서 스베덴보리가 아무리 부부라 할지라도 영혼들의 세계에 도착하면 서로 다른 곳으로 갈 수 있다고 했는데 여러분들은 그 이유가 무엇이라고 생각하십니까?

답은 아주 간단합니다. 그것은 그들이 쌓은 카르마가 다르기 때문입니다. 그런데 두 사람이 어떤 카르마 때문인지는 모르지만 이번 생에는 부부의 연을 맺고 살았습니다. 그러다 죽음을 맞이했는데 그 둘의 카르마가 워낙 다르니까 각자의 카르마에 맞는 세계로 간 것뿐입니다. 그러나 만일 그들의 영적인 수준이 비슷하고 계속해서 같이 있는 게 서로의 카르마를 푸는 데에 유리하다면 그들은 그 뒤에도 같이 있는 삶을 택하겠지요.

그런데 만일 그들이 그 생을 살면서 나중에 풀어야 할 카르마를 만들었다면 그들은 어떤 생이 될지 모르지만 미래에 다시 만나는 관계를 만들어서 지상에 환생할 것입니다. 여기에도 많은 변수가 있습니다. 지상에 다시 태어날 때 다시 부부가 되는 인연을 만들지, 아니면 다른 관계로 만나게 될지 그것은 잘 알 수 없습니다. 중요한 것은 그들이 만든 카르마가 반드시 지상에서 풀어야 하는지의 여부와 관계된 것입니다. 만일 그들의 카르마가 지상이 아니면 풀기 힘들다거나 지상에서 푸는 게 가장 효율적이라는 판단이 내려지면 그들은 지상으로 환생할 것을 결정합니다. 그러나 그때에도 부부관계로 올지, 아니면 부모 자식 관계로 올지, 혹은 동기간의 관계로 올지 등은 그들이 서로 만들었던 카르마에 따라 결정됩니다. 다시 말해 내생에서의 인간관계는 개인에 따라 다 다를 터이니 일률적으로 말할 수 없다는 것입니다. 카르마 법칙의 세계는 이렇게 복잡합니다. 언뜻 보면 매우 간단한 원리로 움직이는 것 같지만 사실은 복잡한 경우가 아주 많습니다. 그래서 정확한 예측이 힘듭니다.

이와 비슷한 예인데 서로 깊게 사랑하는 남녀들이 많이 하는 이야기가 있습니다. 즉 '영원토록 그대와 함께하고 다음 생에도 그대와 사랑하는 사이로 있으면 좋겠다'라는 바람, 혹은 서약이 그것입니다. 이런 서약은 연애를 막 시작했을 때 많이 하지요? 그때는 연애 감정이 타오르기 시작할 때라 상대방이 세상에서 제일 좋게 보이니 이런 말을 하는 것이겠지요. 그러면서 그때는 항상 붙어 다니면서도 더 가까워지고 싶어 여러 가지 일을 합니다. 왜 그런 시구도 있지 않습니까? '네가 옆에 있어도 네가 그립다'와 같은 것 말입니다. 이것은 사람들이 연애할 때 겪게 되는 절정 체험 같은 것인데 자신들이 두 사람인 것을 잊고 하나가 되고 싶으니 이런 생각을 하는 것입니다. 하나가 되어서 둘 사이에 있는 간극을 없애려고 하는 것입니다. 이들은 이를 위해 여러 가지 일을 하는데 이때 가장 많이 하는 일이 노상 붙어 있는 것입니다. 그러면서 어떤 일이든 같이 합니다. 그리고 자신 주위에서 일어나는 모든 일을 알려주기도 합니다. 또 속칭 '커플 티'를 같이 입는 등 귀여운 행동도 합니다. 이런 모든 것은 연인들이 하나가 되려고 발버둥 치는 것이라 할 수 있습니다.

이와 비슷한 것이 또 있습니다. 이른바 '사랑의 자물쇠'라는 것으로 특히 명승지에 가면 많이 발견할 수 있습니다. 연인들이 이 자물쇠에 각자의 이름을 적어 잠근 다음 일정 장소에 매다는 것은 아주 재미있는 현상입니다. 이들이 이렇게 하는 가장 큰 이유는 자신들의 사랑을 자물쇠로 꽉 잠가서 떨어지지 않게 하려는 바람에서 나온 것 아닌가 합니다. 그런가 하면 다른 해석도 가능합니다.

이번에는 조금 부정적인 해석입니다. 자물쇠의 의미가 부정적이기 때문입니다. 이렇게 자물쇠를 걸어 놓는 것은 겉으로는 사랑의 결속을 다진다고 하지만 사실은 당신을 구속하겠다는 의미도 있는 것 같습니다. 자신들의 사랑을 자물쇠로 꼭 걸어 잠가 놓겠다는 것은 상대방이 절대로 다른 남자나 다른 여자에게 한눈팔지 않도록 꽁꽁 묶어두겠다는 의도도 있는 것 같습니다. 그러니까 이 자물쇠 현상은 '너, 다른 여자나 남자한테 관심만 가져봐.. 내가 가만 안 있을 거야'

라는 으름장이 내면에 깔려 있다는 것이지요. 그래서 구속이라고 하는 것입니다.

이런 심산을 아주 잘 표현하는 대중가요가 있어 우리의 시선을 끕니다. 김용임이라는 트로트 가수가 부른 노래로 '밧줄로 꽁꽁'이라는 제목이 달려 있습니다. 밧줄로 묶는다고 하니까 봉건 시대에 범인들을 묶었던 오랏줄이 생각나서 제목이 조금 섬뜩합니다. 그러나 노래 자체는 경쾌하고 신이 나서 트로트 가요로는 좋은 노래로 생각됩니다. 가사 중의 압권은 '사랑의 밧줄로 묶어라, 내 사랑이 떠나지 않게'라는 부분입니다. 자신의 애인이 나를 버리고 가지 않게 밧줄로 묶어두자는 것입니다. 이 정도 구속이면 거의 체포 수준인데 자신의 애인이 떠나는 게 얼마나 싫었으면, 혹은 무서웠으면 이런 식으로 표현했을까요? 병적으로 보이기는 하지만 이해 못 할 바는 아닙니다. 누구나 한 번쯤은 이런 생각을 했을 테니 말입니다.

이처럼 우리 같은 보통 사람들이 하는 사랑은 많은 경우, 흥정이고 구속입니다. 겉으로는 사랑으로 포장하지만 속은 거래이고 옥죄임이라는 것이지요. 이것은 이상한 일이 아닙니다. 인간은 태생적으로 자기중심적인(egocentric) 사고를 갖기 때문에 모든 인간관계는 자기 이익에 맞추어 진행됩니다. 남녀 관계는 더더욱이 이해관계가 치밀한 관계입니다. 사랑으로 교묘히 포장되어 있지만 그 이면에서는 계산이 많이 오고 갑니다.

우리는 연애할 때 상대방에게 '나는 너를 사랑해'라는 말을 수도 없이 합니다. 여기에는 물론 '나는 네가 정말 좋아. 네가 원하는 일은 무엇이든 하고 싶어'라는 뜻도 있겠지만 그와 더불어 '너도 내가 해준 만큼 나에게 해줘야 해'라는 조건이 붙어 있다는 것을 부정하기 힘듭니다. 이것을 더 부연해 설명하면 '사랑해'라는 말에는 '너 다른 남자(여자)에게 가던지 관심을 가지면 가만 안 놔둘 거야. 나만 바라보고 사랑해야 해'라는 협박 아닌 협박이 그 근저에 깔려 있다는 것이지요.

제가 이렇게 말하면 남녀의 사랑을 너무 부정적으로 보는 것 아니냐는 반론이 있을 수 있습니다. 물론 수준 높은 사랑, 즉 이타적인 사랑을 하는 사람도 있습니다. 그런데 이런 사랑을 할 수 있는 사람은 영성이 높은 사람뿐입니다. 그에 비해 평범한 대부분의 우리는 노상 이기적인 욕망에서 벗어나지 못하고 허덕이지 않습니까? 우리는 그런 모습을 일상에서 심심치 않게 목격할 수 있습니다. 평소에 인성이 좋은 사람 같아 보였는데 그런 사람도 남녀의 치정이나 질투 같은 일에 휘말리면 매우 이기적으로 변하는 것을 많이 목격하지 않았습니까?

우리가 남녀 관계에서 이기적으로 행동하는 것을 알고 싶다면 멀리 갈 것 없습니다. 부부들이 이혼할 때를 보면 되기 때문입니다. 이때 어떤 일이 벌어집니까? 결혼할 때는 죽을 것처럼 사랑한다고 하더니만 정작 이혼하게 되면 돈이나 육아권 같은 것을 가지고 아주 치졸한 다툼이 생기지 않습니까? 한쪽에서는 어떻게 해서든 더 받아내려고 하고 반대쪽에서는 한 푼이라도 위자료를 덜 주려 하는 아주 유치한 '쩐의 전쟁'이 벌어지지 않습니까? 굳이 이혼하는 부부를 예로 들 것도 없습니다. 연애를 잘하다가 헤어지는 연인들도 비슷하지 않습니까? 연애 초기에는 상대방이 좋아 죽을 것 같더니만 헤어질 때는 상대방을 죽이고 싶을 정도로 증오하는 경우가 있지 않습니까? 그리고 그동안 선사했던 선물도 다 돌려 달라고 하는 등 치졸한 일을 많이 합니다.

　이런 예를 통해 보면 우리가 누구를 사랑한다고 했을 때 그 이면에는 증오나 구속의 감정이 강하게 있다는 것을 알 수 있습니다. 그래도 그런 구속이 좋은지 김종서라는 가수는 그것을 '아름다운 구속'이라는 제목으로 노래하기까지 했습니다마는 구속은 구속입니다. 인간의 사랑은 그렇게 기본적으로 구속에 기반을 두고 있는데 더 구속받고 싶었는지 자물쇠로 더 자신들을 묶으려고 하니 조금 신기하다는 느낌도 듭니다. 사람은 본성적으로 자유를 희구할 것 같은데 남녀 간의 관계에서는 반대로 나타나니 아주 재미있습니다. 그런데 카르마 법칙의 입장에서 보면, 남녀 간의 관계는 카르마를 양산하는 지름길이라고 할 수 있습니다. 이유는 다 아시겠지요? 남녀 간의 관계에는 기본적으로 욕정과 이기심이 깔려 있기 때문입니다. 이 같은 두 가지 마음이 있으면 거기에는 카르마가 즉시 발생합니다.

　그래서 사랑을 하더라도 이러한 사정을 감안하고 연애하는 게 우리에게 이로울 것입니다. 그래야 과도한 집착이나 증오 같은 감정을 만들지 않을 수 있기 때문입니다. 이런 감정은 부정적인 에너지를 만들어내 우리가 영적으로 발전하는 데에 하등의 도움이 되지 않습니다. 따라서 앞으로 연애를 하더라도 일차원인 감정에만 충실할 것이 아니라 두 사람이 서로에게 헌신하면서 영성을 높일 수 있는 방법이 무엇인가를 생각해보아야 할 것입니다. 그래야 두 사람이 만난 목적을 달성할 수 있습니다. 특히 나이가 들면서 이 문제를 더 심도 있게 생각해야 할 것입니다. 이번 생에 맺은 부부관계를 어떻게 잘 정리해야 다음 생을 디자인하는 데에 도움이 될는지를 생각해보자는 것입니다.

"(내가) 이 나이에 뭘 해?"

인간은 늙으면 세상만사에 대해 무관심해지고 움직임이 굼떠집니다. 그리고 무엇보다도 주위가 변하는 게 싫습니다. 그냥 아무 일 없이 어제처럼 오늘이, 오늘처럼 내일이 지속됐으면 하는 바람을 갖기 쉽습니다. 이렇게 변화하는 게 싫으니까 새로운 일을 하는 것은 더더욱 꺼려집니다. 그래서 누가 무엇인가 새로운 것을 권하면 '이 나이에 내가 뭘 한다고, 그런 일을 할 수 있겠소?'라고 말하며 사양합니다. 이러한 반응은 충분히 이해됩니다. 저도 이미 이런 식으로 살고 있으니까요. 매일 생각하는 게, '오늘도 별일 없이 조용히 지났으면' 하고 있으니 말입니다. 그러면서도 한쪽으로는 심심해서 '오늘 뭐 좀 재미있는 일 없나?' 하는 바람이 없지는 않습니다. 이렇게 두 마음이 공존하는데 좀 더 큰 것을 잡으라면 '(오늘도) 별일 없이 지나 갔으면' 하는 마음일 것 같습니다.

사실 저는 세상에 완전히 뒤처져 있습니다. 특히 컴퓨터나 전화기로 오면 심합니다. 이 둘 중에서도 전화기는 수준 이하입니다. 아직도 접이식의 옛날 전화기를 쓰고 있으니 말입니다. 평평한 전화기 나온 지가 언제인데 지금까지 그런 전화기를 쓴단 말입니까? 그래도 이 전화기는 4G 전화기라 소위 '앱'이라는 게 있기는 한데 몇 개 안 됩니다. 그래도 불편한 것은 전혀 없습니다. 심지어 그 흔한 '카톡'이라는 것도 하지 않습니다. 카톡 하는 것을 보면 사람들이 별것도 아닌 것 가지고 호들갑 떠는 것 같아 저는 하지 않기로 한 것이지요. '뭐 이 나이(60대 후반)에 어플처럼 새로운 걸 배워 뭘해? 어차피 전화기로는 통화나 문자, 그리고 사진 찍는 것밖에는 안 하는데.. 나는 그냥 이 상태로 접이식 전화기만 고수하다가 죽을 거여' 하면서 새로운 변화를 외면합니다. 밖에서 보면 참 답답하겠지요?

　　그런데 여기에 제 나름의 변이 있습니다. 사람들이 전화기에 너무 빠져 사는 것을 보고 '나는 저렇게 살지 않겠다'라는 별 볼 일 없는 자존심이 작용한 것이지요. 그래서 다른 사람들이 볼 때는 제가 최첨단 전화기 없이도 살 수 있다는 것을 보여주겠다는 만용을 부리는 것처럼 보일 것 같습니다. 이럴 때 제가 항상 하는 말이 있습니다. 스티브 잡스가 공연한 것을 만들어서 사람들을 모두 좀비로 만들었다고 말입니다. 사람들이 가만히 있을 때는 말할 것도 없고 길거리를 다닐 때도 이 전화기만 보고 다니니 좀비처럼 보여서 하는 소리입니다.

　　그런데 제가 이 장에서 하고 싶은 이야기는 지금 한 이야기하고는 조금 반대의 입장에 서 있습니다. 즉 우리가 나이를 아무리 많이 먹었더라도 새로운 일을 할 수 있다는 것입니다. 특히 카르마 법칙의 관점에서 볼 때 우리의 인생에는 새로운 일을 하기에 늦었다고 할 때가 없습니다. 이때 카르마 법칙의 관점이라는 것은 우리 인간이 한 생만 사는 것이 아니라 다생을 사는 존재라는 시각입니다. 우리가 만일 한 생만 산다면 늙어서 새로운 일을 시작할 이유가 전혀 없습니다. 그냥 여생만 살다가 스러지면 되기 때문입니다.

그러나 만일 앞으로도 많은 생을 산다면 이번 생 후반부에 새로운 일을 시작하는 것은 얼마든지 의미가 있을 수 있습니다. 만일 그 새로 시작하는 일이 자신이 정말로 하고 싶어 하는 일이라면 그 일은 우리의 의식에 선명한 인상과 깊은 흔적을 남길 겁니다. 다시 말해 깊게 저장된다는 것이지요. 그러면 그런 정보는 다음 생으로 전달될 겁니다. 그다음 생이 언제가 될지 모르지만 당사자가 새로운 생을 맞이했을 때 그 생에서는 어릴 때부터 이 일에 큰 관심을 느끼게 되고 몰두하게 될 확률이 높습니다. 그러면 그 생에서 그 일에 관한 한 상당한 수준에 오를 수 있겠지요.

이런 예는 에드거 케이시가 제시한 사례에도 있습니다. 어떤 사람이 살다가 말년에 이르러서 식물에 대해서 처음으로 관심을 가졌습니다. 원예에 대해서 새로 눈을 뜬 것이지요. 그런데 그 생에서는 그다지 진전을 보지 못했습니다. 그것은 당연한 일이겠지요. 그 관심을 발전시킬 시간이 부족했을 테니까요. 그러나 이 관심은 그의 무의식에 깊이 각인되었고 그것이 그다음 생에 전달되어 그 생에서는 어릴 때부터 식물을 가까이했습니다. 그는 이 같은 자세를 갖고 계속해서 식물을 키우고 연구를 거듭했는데 몇 생을 거듭하고 나니 나중에는 매우 명망 있는 식물학자가 됩니다.

케이시가 인용한 다른 예도 내용은 대동소이합니다. 어떤 사람이 살다가 뒤늦게 피아노를 치기 시작했습니다. 당연히 그 생에서는 큰 진보가 없었습니다. 피아노라는 악기는 한두 해 친다고 고수가 되는 것이 아니기 때문입니다. 그러나 그는 피아노 치는 것을 진심으로 좋아했습니다. 그 결과 다음 생에서는 어려서부터 피아노를 배우기 시작했고 그렇게 몇 생을 거쳤더니 나중에는 세계적인 피아니스트가 되었습니다. 결말은 앞의 사례와 같습니다. 물론 이런 예들은 검증할 수 있는 이야기는 아닙니다. 그러나 그럼직한 것 같아 귀가 솔깃해지는 것은 어쩔 수 없군요. 어떻든 이런 관점에서 본다면, 앞에서 자신이 진정으로 배우고자 하는 것은 때와 관계없이 시작할 수 있다는 생각입니다.

이것은 자신의 삶을 거시적으로 보는 태도입니다. 이에 비해 한 생만 인정하는 것은 미시적인 태도라고 할 수 있지요. 미시적인 태도가 결코 잘못된 것은 아닙니다. 단지 보는 시야가 좁을 뿐입니다. 어떤 때는 좁게 보는 시각도 필요합니다. 그러나 미시적인 것을 전체적으로 볼 수 있는 거시적인 시야를 갖는다면 훨씬 더 바람직할 것입니다. 자신의 삶을 조망할 때 한 생만 놓고 보는 것이 아니라 지금까지 산 여러 생은 물론이고 앞으로 살게 될 여러 생을 같이 보자는 것이지요. 그래서 이번 생에 무엇을 어떻게 하는 것이 전체로서의 나에게 도움이 되는지 살펴보면 얼마나 좋겠습니까? 이런 이야기를 하면 다음과 같은 비난이 나올 것 같습니다. 즉, '아니, 이번 생 살기도 바쁜데 언제 전생을 생각하고 내생을 생각하느냐'라고 말입니다. 이 이야기도 틀린 것은 아닙니다. 가장 중요한 것은 '지금 여기서' 열심히 사는 것일 테니까요.

이 이야기를 하다 보니 앞에서 잠깐 인용했던 리처드 바크가 쓴 『갈매기의 꿈』이라는 소설이 또 생각하는군요. 굳이 이 소설을 인용할 필요도 없지만 갈매기가 높이 날면 어떻게 됩니까? 더 높이 날수록 더 멀리, 그리고 더 넓은 지역을 볼 수 있지 않겠습니까? 우리의 삶도 그렇게 보자는 것입니다. 이번 생만 존재한다고 믿고 살면 아등바등하면서 별것 아닌 것을 가지고 싸우고 신경을 쓰게 되는데 그런 것에서 벗어나자는 것입니다. 그러려면 높은 곳으로 비상해야 합니다. 높은 하늘로 올라가면 땅 위에서 벌어지는 일들이 하찮고 싱겁게 보입니다. 그래서 큰 자유를 느낍니다. 이런 식으로 살아야 카르마를 짓지 않을 수 있습니다. 물론 여기서 말하는 높은 곳이란 물리적으로 높은 곳이 아니라 우리의 의식을 한껏 끌어올린 경지를 말합니다. 그렇게 해서 고차원의 의식이 되면 내가 거쳐온 여러 생들이 함께 보일 것이고 자신이 지금 어떤 단계에 있는지 보일 것입니다.

그런데 굳이 소설을 인용하지 않더라도 인류 가운데 이렇게 산 사람이 있어 우리의 비상한 관심을 끕니다. 바로 달까지 갔다 온 우주 비행사들입니다. 이 이야기는 다치바나 다카시라는 일본 기자가 쓴 『우주로부터의 귀환』이라는 책에 잘 나와 있습니다. 이 같은 우주 비행사 가운데에는 종교적인 신비 체험을 한 사람이 있습니다. 이들은 가장 먼 거리에서 지구를 볼 수 있는 특권을 가졌던 사람입니다. 이렇게 특이한 여행을 갔다 온 비행사들은 여러 체험을 하는데 여기서는 종교 체험을 한 사람들에 대해서만 보겠습니다.

달에서 지구를 보면 비행사들은 너무나 큰 감동을 받아 말을 잃는다고 합니다. 그리고 지구에서 울고 웃고 서로 죽고 죽이던 일이 모두 유치한 일에 불과하다는 것을 깊게 깨닫는다고 하지요. 우리 인간이 자신을 초월하는 종교 체험을 하기 위해서는 일단 자신이 속한 데에서 가능한 한 멀리 떨어져서 객관적으로 관조하는 일이 필요합니다. 그 때문에 절 같은 수행처는 세속과 멀리 떨어져 있는 경우가 많습니다.

우주 비행사는 이 체험을 강하게 할 수 있는 상황에 처한 사람이라고 할 수 있습니다. 그런데 만일 이런 우주 비행사 중에 평소에 종교와 영성에 관심이 있던 사람이 있다면 그는 자신의 의식에 새로운 변화가 생기는 것을 목도할 것입니다. 조금 전문적인 용어로 하면 '우주의식'이 각성되는 것이라고 할 수 있지요. 이때 그는 이 우주에는 어떤 지성(intelligence) 혹은 의식이 있다는 것을 알게 되고 그것을 체험합니다. 그리고 자신이 장엄한 전체와 하나 됨을 느끼고 신비로운 종교적 고양감을 체득합니다.

이런 체험을 한 사람 가운데 대표적인 사람이 바로 아폴로 14호의 선장이었던 에드거 미첼로 그는 1971년 2월 5일 달에 착륙하는데 여러 기록을 세웁니다. 즉, 그는 전임 비행사와 비교했을 때 달에 최장 시간을 체류했고(33시간) 가장 오랜 시간 동안 달 위를 걸었으며(9시간 17분) 최장 거리를 횡단하고 최초로 컬러 영상을 전송했다고 알려져 있습니다. 그는 한마디로 인간 가운데 가장 많이 비지구적인 환경에 노출되었었다고 할 수 있겠습니다.

이 같은 강한 체험에 힘입어 그는 달에 갔다 온 뒤 자신이 지니고 있었던 기독교에 대한 근본주의(fundamentalism) 신앙을 완전히 탈피합니다. 그러면서 꽉 막힌 기독교의 기존 신앙은 참된 진리에서 완전히 벗어나 있다고 하면서 호된 비판을 가했습니다. 이것은 신비적인 체험을 한 사람들이 예외 없이 갖게 되는 시각입니다. 이 같은 변화가 가능했던 것은 달이라는, 인간이 닿을 수 있는 가장 먼 지점에서 지구를 보았기 때문입니다. 이 같은 지구의 모습은 마침 사진으로 남아 있어 우리도 공유할 수 있습니다. 미첼이 그곳에서 보니 지구는 지나치게 아름다운 반점의 형태를 이루고 있었습니다. 그렇게 한참을 보니 지구에서 했던 모든 세속적인 일이 부질없게 느껴졌습니다. 그러면서 매우 근본적인 질문, 예를 들어 '나는 왜 여기 존재하고 있나', '우주는 물질의 집합에 불과한가?', '우주나 인간은 창조됐나. 아니면 우연의 소산인가?' '우주는 어떤 커다란 계획에 따라 움직이나?' 하는 등등의 질문을 던지게 됩니다.

그 결과 그는 다음과 같은 결론을 내리게 됩니다. 즉, '우리의 존재는 우연이 아닐 뿐만 아니라 온 우주의 구성원들은 완전한 일체로 서로 연결되어 있다' 혹은 '우주(그리고 나)에는 신적인 계획이 작용하고 있다', '모든 존재는 목적으로 가지고 진화한다', '모든 사물은 한 몸이고 이것(전체)은 완벽하게 질서정연하고 조화롭다', '이 전체 속에 나는 신과 한 몸이다'라는 나름의 결론을 내립니다. 이 같은 가르침은 모든 종교의 신비주의자들이 한결같이 주장하는 바입니다. 그는 인류 가운데 몇 사람밖에 할 수 없는 엄청난 우주 비행을 하고 신비주의적인 체험을 한 것입니다. 그런 끝에 그는 1973년 해군을 은퇴하고 인간 의식을 연구하는 '정신과학 연구소(Institute of Noetic

Sciences)'를 세우고 의식을 비롯해 초상현상(paranormal phenomena)과 UFO 현상을 연구하다 2016년에 세상을 떠납니다. 미첼이 이렇게 변모했던 것은 그가 평소에 이 같은 주제에 관심을 갖고 있었기 때문일 것입니다. 이런 사람은 내생에는 아예 종교인으로 태어나 수행하면서 많은 사람에게 좋은 가르침을 주지 않을까 하는 생각을 해봅니다.

이 대목에서 또 중국의 장자가 든 비유가 생각나는군요. 유명한 '우물 안의 개구리' 이야기입니다. 우물 안에서 사는 개구리가 동해에 사는 자라를 만났습니다. 그때 그는 자신은 우물 안에서 이리 뛰고 저리 뛰면서 아주 즐겁게 살고있는데 왜 당신은 이 좋은 우물 안으로 들어오지 않느냐고 말을 걸었습니다. 그 말을 듣고 자라는 우물 안으로 들어가려다가 이리저리 걸려 들어가지 못하고 도로 나와 개구리에게 동해의 광활함에 대해 말해줍니다. '(동해는) 그 높이와 길이를 말로 표현할 수 없다' 그리고 '홍수가 나든 가뭄이 나든 동해의 물은 증감이 없다, 그래서 이런 것을 보면 매우 즐겁다'라고 말입니다. 이 말을 들은 개구리는 깜짝 놀라 정신을 잃었다고 묘사되어 있는데 이게 바로 미시적인 시야와 거시적인 시야의 차이입니다.

세상일을 미시적으로 보면 별것 아닌 것을 두고 많은 갈등이 생깁니다. 그런데 크게 보면 그 문제들이 아무것도 아닌 경우가 대부분입니다. 예를 들어 설명해보지요. 우리도 아주 어릴 때는 아무것도 아닌 것을 가지고 싸우고 서로에게 화를 내곤 했습니다. 그때 우리는 사탕이나 딱지, 인형 같은 아무것도 아닌 것 가지고 얼마나 싸우고 투정을 부렸습니까? 그러나 나중에 어른이 되어서 그때의 모습을 회상해보면 그게 얼마나 부질없고 웃기는 일인지 알게 됩니다. 우리의 삶을 거시적으로 보자는 것이 바로 이것입니다.

이번 생만 놓고 보면 문제가 될 만한 것이 많고 그런 것 때문에 주위와 불화를 겪는데 거시적인 시각에서 여러 생을 조망해보면 그런 것들이 아주 사소한 문제라는 것을 알게 될 것입니다. 그럼으로써 우리는 지금보다 훨씬 더 자유로운 삶을 살 수 있게 됩니다. 예를 들어 이번 생만 놓고 보면 돈과 명예를 좇아 세속적인 성공을 하는 게 중요하겠지만 여러 생을 놓고 보면 보는 시각이 완전히 달라질 수 있습니다. 즉 세속적인 성공이라는 것은 신기루 같은 것이라는 것을 깨닫고 내가 영적인 성장을 하기 위해 이번 생에 무슨 일을 해야 하는지를 찾아내 실행에 옮길 수 있을 것입니다. 자, 그럼 여러분들은 어떤 삶을 사시겠습니까? 선택은 여러분들의 몫입니다.

그러면 여러분들은 이런 질문을 할지 모릅니다. 미시적으로 사는 게 꼭 문제가 되겠느냐고 말입니다. 맞습니다. 미시적인 시각은 그 자체가 문제인 것은 아닙니다. 그런데 그게 편견이나 오만, 독선 등으로 이어지면 문제가 됩니다. 이런 부정적인 행동을 하면 나쁜 카르마가 만들어지기 때문에 좋지 않은 것입니다. 그렇게 되면 이 지상에 자꾸 태어나야 하겠지요. 카르마 법칙의 입장에서 볼 때 인생의 목적이 무엇이라고 했습니까? 이 지구 학교를 졸업하는 것이라고 했지요? 이 지구 학교는 고통이 난무하는 곳, 즉 고해(苦海)이기 때문에 하루 빨리 떠나는 것이 상책입니다. 그런데 우리가 미시적인 시각을 갖고 이번 생에만 집착하면 지구 학교 졸업은 자꾸 멀어지게 됩니다. 이 지구 학교를 졸업하기 위해서는 무엇보다 덕과 선행을 쌓아야 합니다. 특히 악행을 멀리해야 합니다.

이 같은 이유에서 우리는 단생(單生)이 아니라 다생(多生)을 인정하는 시각에서 살아야 하는데 또 기우가 생깁니다. 혹여라도 여러분들이 다음과 같은 생각을 할까 봐 걱정되기 때문입니다. 즉 '뭐 내생도 있는데 이번 생에 모든 걸 다 할 필요가 어딨어? 적당히 하고 다음 생에 하면 되지'와 같은 생각 말입니다. 물론 여유를 갖는 것은 바람직합니다. 그러나 이번 생에 할 일을 다음 생으로 미루면 안 됩니다. 그리고 이번 생도 매우 치열하게 살아야 합니다. 마치 이번 생밖에 없다는 생각을 갖고 살아야 합니다. 그러니까 머리로는 여러 생을 산다고 생각하지만 몸으로는 이번 생밖에 없다는 생각으로 아주 비장하고 치열하게 살아야 한다는 것입니다. 우리에게 다생이 주어지는 것은 개선의 기회를 주는 것이지 방만해도 된다는 것은 아닙니다.

사실 이보다 더 나아가야 합니다. 어떻게 나아가야 하느냐고요? 삶의 단위를 한 생으로 볼 게 아니라 하루 단위로 보아야 한다는 것입니다. 그러니까 오늘밖에 존재하지 않는다는 생각으로 오늘 하루를 알차게 살기 위해 총력을 기울여야 한다는 것입니다. 옛날에 어떤 스님이 매일 서산에 지는 해를 보고 이렇게 말하면서 눈물지었다고 합니다. '오늘도 깨닫지 못하고 그냥 지나가는구나'라고 말입니다. 바로 이것입니다. 이렇게 하루, 하루에 총력을 기울이는 삶을 살아야 지구 학교 졸업을 당길 수 있습니다.

글을 마무리하면서 이번 장의 취지에 딱 맞는 드라마 하나가 생각나 그것을 볼까 합니다. 이 드라마의 제목은 "나빌레라"로 tvN에서 2021년 초반부에 방영한 것입니다. 줄거리는 간단합니다. 주인공

(박인환 분)은 70세로 은퇴한 우편배달원입니다. 이 사람은 평생 발레에 대해 애틋한 꿈을 갖고 있었습니다. 그러다 그 나이에 결국 발레를 시작합니다. 드라마는 주인공과 그의 선생이 되는 20대 청년과의 관계에 중점을 두고 진행됩니다마는 우리의 관심은 나이 일흔에 발레를 시작한 주인공에 있습니다.

사실 일흔에 발레를 새로 시작한다는 것은 말도 안 됩니다. 몸이 굳을 대로 굳었는데 발레 같은 고도의 유연성을 요구하는 춤을 춘다는 것은 어불성설입니다. 그래도 어떤 이는 그런 시도가 가능하지 않겠느냐며 '열 번 찍어 안 넘어가는 나무 없다'라는 속담을 인용할지 모르겠습니다. 그런 말에 저는 이런 속담으로 답하고 싶군요. 즉 '못 오를 나무는 쳐다보지도 마라'라는 속담 말입니다. 그렇습니다. 이 사람이 발레를 해서 전문가가 되는 것은 60대 후반인 제가 지금부터 시작해서 축구선수가 되겠다는 것과 같은 것입니다. 어느 정도는 할 수 있겠지만 절대로 전문가는 되지 못합니다.

그러나 저는 이 드라마의 주인공에게 힘찬 응원을 보내고 싶습니다. 여러분은 그 이유를 아시겠지요? 이번 장에서 제시한 주장의 입장에서 보면 이 주인공은 정말로 훌륭한 일을 한 것입니다. 주인공이 이렇게 발레를 시작하면 어느 정도 추는 것조차 힘듭니다. 발레의 기본자세를 마스터하는 것도 힘들겠지요. 그러나 그 열정과 감동은 그의 영혼 안에 깊이 저장될 것입니다. 그리고 그 정보는 다음 생으로 전달되겠지요.

그러다 진짜 다음 생을 맞이하면 이번에는 어릴 때부터 발레에 대한 열정이 샘솟아 이른 시기에 발레를 시작할 수 있을 것입니다.

그렇게 되면 그 생에서 그는 발레 전문가가 되고 발레를 통해 인생의 심오한 면을 배우게 될 것입니다. 그다음 전개는 예측하기 힘든데, 그다음 생에는 더 좋은 환경에 태어나서 발레를 계속한 끝에 세계적인 발레리노가 될지 누가 압니까? 이 드라마를 다룬 어떤 잡지(Woman Sense) 기사를 보니 타이틀을 "인생은 지금부터"로 잡았더군요. 이 제목은 제대로 잡은 것입니다. 이게 바로 이 장에서 말하고 싶은 바입니다. 어떤 때도 늦은 것은 없습니다. 지금 너무도 하고 싶은 일이 있으면 바로 실행하십시오. 그러면 언젠가는 반드시 결실을 봅니다.

정말 이 장을 마감하려고 했는데 또 생각나는 게 있습니다. 왜 '내 나이가 어때서'라는 유명한 노래가 있지 않습니까? 이 노래는 맨 마지막에 '내 나이가 어때서, 사랑하기 딱 좋은 나인데'로 끝납니다. 이 노래를 처음 들었을 때는 '다 늙어서 무슨 연애야? 이제 생을 정리해야지. 애들처럼 무슨 사랑야?' 하면서 비아냥거렸습니다. 그런데 이런 일이 양로원에서 실제로 일어났다는 이야기를 듣고 다시 한 번 생각하게 됐습니다.

나이가 76세나 되는 남자 노인의 이야기였는데 양로원에 갓 들어온 72세 여자 노인을 보는 순간 젊었을 때 가졌던 순수한 연애 감정이 살아나더라는 겁니다. 가슴이 설레고 그저 바라만 보고 싶고 하루 종일 같이 있고 싶은 마음 말입니다. 이 두 사람이 그 뒤에 어떻게 됐는지는 모릅니다마는 이번 장에서 말한 것을 가지고 어느 정도 예측은 할 수 있을 것 같습니다. 그들의 관계가 잘 되었다고 가정하고 생각해보지요. 이번 생에 그들은 같이 있을 수 있는 시간이 그리 많지 않을 수 있습니다. 또 젊었을 때처럼 활기차고 생동감 있는 연애를 할 수 없을지도 모릅니다.

그러나 그들은 서로에게 아주 애틋한 마음을 품고 이번 생을 마감할 것이고 이 정보는 그대로 다음 생으로 전달되겠지요? 그러다 그 인연이 무르익어 다음 생에서 이 두 사람은 어린 시절에 만나게 됩니다. 그때 그들은 옛친구를 본 것처럼 서로가 반가울 것이고 곧 연애를 시작해서 원 없이 사랑할 겁니다. 또 결혼도 하고 좋은 가정을 꾸려서 평생을 유의미하게 살게 될 겁니다. 이 사람들이 그 생에서 성공적인 삶을 살 수 있었던 것은 이번 생에 비록 늦은 나이이지만 연애를 시작해서 훌륭한 선인(善因)을 심었기 때문입니다. 만일 이들이 양로원에서 만났을 때 '다 늙어서 무슨 연애냐?' 하면서 서로를 거부했다면 다음 생에 좋은 과보가 생길 수 없었을 것입니다. 그러나 이들은 미시적인 시각을 벗고 환생과 카르마 법칙이 말하는 거시적인 시각을 택함으로써 자신의 삶을 성공적으로 이끌 수 있었습니다.

여러분들도 자신의 삶을 거시적인 시각으로 본다면 어떤 기획이나 디자인이 가능할지 생각해보시기 바랍니다. 그게 지상에서의 삶의 횟수를 줄일 수 있는 좋은 방법입니다. 여러분들이 이 생각에 동의한다면 여러분들은 과연 삶을 어떻게 디자인할지 궁금한데 "천천히 서두르자"라는 말씀으로 강의를 마치고 싶습니다.

"좋은 일만 가득하세요",
"바라는 대로 다 이루세요",
"꽃길만 걸으세요", "복 많이 받으세요"

위의 문구들은 생일 축하 카드나 새해를 맞이할 때 보내는 연하장 같은 데에 많이 등장하는 문구입니다. 이와 비슷한 것으로 "앞으로 네 앞길에 좋은 일만 있기를 바래" 혹은 "이제 네 앞에는 꽃길만 있을 거야" 등등이 있는데 다 비슷한 내용입니다. 사람들은 이런 문구를 별생각 없이 교환하는데 그럴 때마다 내게 드는 생각이 있습니다. '이건 좀 지나친 것 아닌가?' 혹은 '너무 과장된 것 아닌가?'와 같은 것인데 어떤 때에는 조롱받고 있는 느낌마저 듭니다. 이런 인사의 내용이 너무나 비현실적이라 자신이 감당하지 못할 말을 무책임하게 뱉는다는 느낌이 들기 때문입니다. 그래서 이런 인사 문구를 접할 때 얼굴이 화끈거린 적도 있었습니다. 물론 그냥 일상적인 인사로 여기고 넘어가도 되지만 공짜를 바라는 마음이 너무 큰 것 아닌가 하는 생각이 들어 마음이 편하지 않았던 것 같습니다.

우리가 여기서 한 번만 더 생각해보면, 이 인사가 얼마나 현실성이 없는지 쉽게 알 수 있습니다. 사탕발림 같은 진정성이 없는 인사라는 것이지요. 이것은 인생을 그리 오래 살지 않은 젊은이도 알 수 있지 않을까 싶습니다. 우리의 삶에 좋은 일만 가득할 수 없다는 것 말입니다. 그뿐만 아니라 이 인사에서 말하는 것처럼 바라는 대로 다 이룬다는 것은 망상 속에서나 가능하다는 것도 금세 알 것입니다. 그리고 꽃길은 무슨 꽃길입니까? 어떻게 내 인생에 꽃길만 있을 수 있습니까? 좀 더 좋은 학교에 가려면 치열한 경쟁을 거쳐야 하고 마지막에 대학에 들어가면 낭만 같은 건 다 제치고 학점 관리하느라 또 경쟁해야 합니다. 그다음에 좋은 직장에 취직하기 위해 사람들이 어떤 일을 하는가는 너무나 잘 알려져 있으니 언급할 필요가 없겠습니다.

인생의 전반부만 보아도 이렇게 가시밭길투성인데 '꽃길만 걸으세요'라고 하는 것은 너무 무책임한 발언이라는 생각이 듭니다. 이것은 흡사 이런 말을 하는 것 같습니다. 즉 나는 지금 지옥 같은 데서 헤매고 있는데, 더 나아가서 이곳에서 탈출할 수 있는 방도도 없어 난감한데 그런 나에게 '천국에서 영생하세요'라고 하는 것 같습니다. 이런 말을 하느니 차라리 아무 말도 하지 않는 게 더 낫지 않을까 하는 생각도 듭니다.

저는 지금까지 60여 년을 살았지만 우리의 인생에서 꽃길은 아예 처음부터 없는 것 아닌가 하는 느낌을 받습니다. 인생이란 그런 꽃길보다는 그저 그런 '평범무사'한 날들이 계속되는 것뿐이라는 생각이 듭니다. 또 꽃길이 있다 하더라도 그것은 부단한 노력 끝에 이루고자 했던 일을 성취한 바로 그때 잠시만 그런 느낌을 받을 뿐입니다. 그러곤 우리는 곧 다시 칙칙한 현실로 돌아가게 됩니다. 결코 꽃길은 오래 지속되지 않습니다. 독자들의 이해를 돕기 위해 예를 하나 들어볼까요? 내가 원하는 대학에 가기 위해 수년간 노력한 끝에 시험에 붙었다고 합시다. 그러면 그 합격 소식을 들었을 때 우리는 어떻게 반응합니까? 우리는 바로 그때만 내가 꽃길에 있다는 달콤한 환희를 맞보지 곧 다시 일상의 평범하거나 험한 길에 들어서게 되는 것 아닌가요?

김연아 선수도 그러더군요. 올림픽에서 금메달을 땄을 때도 결과가 발표된 직후에만 뛸 듯이 기쁘지, 조금만 지나도 그 환희는 사라지고 곧 일상으로 돌아오더라고 말입니다. 우리가 밖에서 보기에는 올림픽에서 금메달을 따는 것은 극소수의 사람만이 할 수 있는 일이라 너무 좋을 것 같은데 실제로는 그 좋음이 그리 오래 가지 않나 봅니다.

다시 주제로 돌아가서, 이런 인사들은 인생을 몰라도 너무 모르는 사람이 하는 인사라 할 수 있습니다. 좋은 일이 가득하고 일이 바라는 대로 풀리는 것을 보통 순경(順境)이라고 표현합니다. 모든 일이 순조롭게 풀리는 형국을 말하는 것이지요. 이런 상황이 본인한테는 좋겠지요. 이 반대의 상황은 다 아는 것처럼 역경이라고 말합니다. 역경이란 힘든 경우를 말하니 사람들은 대부분 이것을 싫어합니다. 그런데 현자들은 이렇게 말합니다. 역경보다 순경이 닥쳤을 때를 더 조심하라고 말입니다. 잘 나간다고 마구 나대면 낭패를 보기 쉬우니 조심하라는 것입니다.

이것은 주역 점을 보아도 마찬가지입니다. 주역으로 점을 보면, 점으로는 내가 현재 절정의 순간에 있어 더할 나위 없이 좋은 데에 있다고 하는데 막상 점괘의 해석에는 '매사에 조심하라'라는 구절이 나옵니다. 이것은 당연한 일입니다. 정점까지 올라갔으면 그때부터 일어날 일은 내려오는 것밖에 없기 때문입니다. 그러니 조심하라는 것인데요, 만일 조심하면 정점에 있는 시간을 더 길게 하던가, 혹은 문제없이 정점에서 내려올 수 있는데 조심하지 않고 잘난 체하고 경박하게 굴면 거기에서 파국을 맞을 수 있다는 것입니다.

이런 관점에서 앞에서 말한 인사들을 보면 너무 가볍다는 인상을 지울 길이 없습니다. 좋은 일이 바라는 대로 이루어지기를 바라는 것은 매우 위험한 일이라는 것을 알야야 합니다. 그래서 소태산은 자신이 생각한 것의 60%만 성취해도 만족하고 감사해야 한다고 주장합니다. 그러다 만일 자기가 원한 일이 100% 성취됐다면 그때에는 그것을 혼자 다 차지하지 말고 세상과 같이 나누면서 즐기라고 충고합니다. 그래야 재앙을 피할 수 있고 복이 무궁해진다는 가르침과 함께 말입니다. 이것은 대단히 현실성 있는 가르침이라 하겠습니다.

그런데 저는 60%도 원치 않습니다. 그저 10%라도 생각대로 되면 좋겠다는 생각입니다. 그렇게 세상일은 이루기 힘듭니다. 그런데 모든 일이 바라는 대로 다 이루어지기를 바란다니요. 그것은 말도 안 되는 것입니다. 그런 인사를 하는 것은 상대방을 위기의 구렁텅으로 모는 것과 같다고 할 수 있습니다. 모든 것이 다 내 뜻대로 되는 때가 가장 위험한 때이기 때문입니다.

　그리고 소태산이 이 가르침에서 마지막에 했던 이야기도 좋습니다. 세상일이 내 뜻대로 되면 세상과 나누라고 한 것 말입니다. 이것은 정말로 좋은 가르침입니다. 우리는 세상일이 제 뜻대로 되면 그게 자기가 잘해서 된 줄 알고 도에 넘치게 낭비하고 허풍치고 잘난 척을 합니다. 만일 실제로 그렇게 행동하면 반드시 부정적인 기운이 붙기 마련이고 그 결과 본인은 몸이 상한다거나 재물이 없어지는 등 큰 낭패를 보게 됩니다. 이것을 방지하는 일은 자기가 이룩한 것을 이웃과 나누어서 긍정적인 기운을 많이 만드는 것입니다. 그렇게 하면 부정적인 일이 생길 확률이 현저하게 줄어듭니다.

　사람들이 이런 인사와 더불어 새해 인사로 많이 하는 게 있지요? '복 많이 받으세요' 말입니다. 이것도 인사로만 생각하고 그냥 지나치면 문제없지만, 저는 이 인사를 받을 때마다 마음이 불편해지는 것을 거역할 수 없었습니다. 왜냐하면 '아니, 내가 이전에 복을 지었으면 복을 받을 것이고 복을 짓지 않았으면 복을 받지 못할 텐데 남이 나에게 복을 받으라고 해서 없던 복이 오겠나'와 같은 생각을 하기 때문입니다. 또 '당신이 무엇인데 내게 복을 받아라 말라 하는 거야'와 같은 조금은 불손한 마음도 있었습니다. 그와 동시에 이 인사는 조금 더 현실적으로 바뀌어야 하는 것 아닌가 하는 생각도 해보았습니다. 즉, '새해에 복 많이 받으세요'가 아니라 '새해에는 복 많이 지으세요'라고 말입니다. 이것이야말로 카르마 법칙의 입장에서 할 수 있는 가장 정확한 인사가 아닌가 합니다.

　사실 이렇게 인사하면 조금 야박한 느낌이 들지요? 복을 받고 말고는 당신이 하는 데에 달려 있으니 열심히 노력해서 복을 받으라고 하니 야박하다는 것입니다. 그러나 언제까지 무조건 '복 많이 받으세요'와 같은 사탕에 발린 것 같은 거짓 인사만 하고 살아야 합니까? 카르마 법칙의 가르침은 아주 정확하지 않습니까? 자신이 행한 대로 그대로 돌아온다고 하니 말입니다. 만일 이 생각을 받아들인다면 남을 만날 때 아무 영혼 없이 '복 많이 받으세요'라고 할 것이 아니라 '올해는 같이 복 지을 일을 많이 합시다'와 같은 보다 더 건설적인 인사를 할 수 있을 것입니다. 만일 이런 인사들이 조금 더 대중화된다면 사람들이 생활 속에서 어떻게 하면 복을 더 지을 수 있을까에 대해 생각하지 않을까 하는 공상을 해봅니다. 그러면 그런 사회는 훨씬 더 좋은 방향으로 바뀌겠지요. 이런 작은 인사 하나만 가지고도 사회 분위기를 좋게 바꿀 수 있을 거라는 생각이 듭니다.

이 대목에서 생각나는 말이 있습니다. 이전에 걸인들이 구걸하면서 '적선(積善)하세요'라는 말을 많이 했습니다. 이 말의 뜻이 무엇입니까? '선을 쌓으라'라는 것 아닙니까? 자기에게 재물을 주면 선을 쌓는 것, 즉 복을 짓는 것이니 재물을 달라는 것 아닙니까? 이에 대해 재미있는 이야기가 있어 소개할까 합니다. 앞에서 언급한 소태산의 제자 한 사람에게 어떤 걸인이 동냥을 구하면서 복을 지으라고 했던 모양입니다. 쉽게 말해 돈이나 먹을 걸 달라고 한 것이지요. 이에 대해 이 제자는 제가 말한 관점에서 그 걸인에게 '내가 복을 지으면 그대가 나에게 복을 줄 능력이 있느냐'라고 되물었습니다. 물론 이 말에 걸인은 답을 못했지요. 그러면서 이 제자는 '어리석은 이가 복을 지으라고 하는데 이는 외려 죄를 짓는 것이다'라고 충언을 합니다. 이것은 이 걸인이 자신은 아무것도 하지 않으면서 받기만 하려는 습성을 아프게 꼬집은 것입니다.

이런 경우 카르마 법칙의 입장에서 볼 때 아무 능력이 없는 사람에게 돈을 주는 것은 선업을 쌓는 것이 아니라고 할 수 있습니다. 그냥 자신의 선한 의도를 낭비하는 것이라 할 수 있지요. 이 재물을 받는 걸인도 자기에게 온 복을 그저 낭비하거나 도리어 빚을 지는 격이 됩니다. 따라서 우리는 선업을 만들 때도 용의주도하게 잘 따져보아야 합니다. 과연 이 재물이 효율적으로 쓰일 수 있는지 심사숙고해야 한다는 것이지요.

이 대목에서 생각나는 사람이 있습니다. 가난한 사람들에게 돈을 대출해주어 자립을 돕는 은행을 설립한 방글라데시 출신의 무하마드 유누스라는 사람 말입니다. 이 사람은 이 일로 2006년에 노벨평화상을 받게 됩니다. 씨에 따르면 대부분의 걸인은 사람들이 적선해주는 것 때문에 구걸하는 습성을 버리지 못한다고 합니다. 그래서 거지 상태에서 벗어나려는 의지나 의욕을 저버리기 일쑤라고 하지요. 이것은 대단히 일리 있는 말입니다. 그러니까 사람들이 공연한 적선을 해서 걸인들의 독립 의지를 꺾는다는 것이지요. 이것은 사람들이 별 생각 없이 하는 선행이 외려 죄나 독을 더 많이 만든다는 것을 뜻합니다, 이런 현실을 타개하고자 그는 가난한 사람들에게 담보 없는 소액 대출을 해주어서 아무리 작은 사업이라도 자신이 능동적으로 할 수 있게 해주는 은행을 만들었습니다. 이것은 실로 획기적인 생각이고 진정한 적선의 방법이라 하겠습니다. 그냥 복이나 선을 주는 것이 아니라 주인공이 스스로 복을 짓고 선업을 쌓을 수 있게 만들어

주기 때문입니다.

　이런 인간사의 모습에 대해 소태산은 결정적으로 한마디 합니다. '사람들이 복 받기는 좋아하나 복 짓는 사람은 드물고 벌을 받기는 싫어하나 죄짓는 사람은 많다'라고 말입니다. 이제는 여러분들도 아시겠지요? 우리가 노력해야 할 일은 우리가 어떻게 하면 선업을 많이, 그리고 잘 만들까를 심려하는 일이라는 것을 말입니다. 그러니까 그냥 좋은 일이 꽃길을 따라 자동적으로 생기기를 바랄 것이 아니라 우리가 먼저 능동적으로 좋은 업과 복을 만들어내자는 것입니다.

　그와 더불어 다른 사람들을 어떻게 도와야 그들이 선업을 만들 수 있는지 생각해보아야 합니다. 다른 사람을 돕는 것은 해도 되고 안 해도 되는 것이 아니라 사람이 꼭 해야 할 의무이기 때문입니다. 그런데 이 같은 행동을 하되 카르마 법칙의 입장에서 제대로 하자는 것입니다. 이 일에는 상당한 지성이 필요합니다, 지성이 받쳐주지 않으면 우리가 하는 일에 진전이 생기지 않습니다. 이런 생각을 갖고 우리가 평상시에 하던 '바라는 모든 일이 이루어지세요' 라든가 '꽃길만 가세요'와 같은 인사를 대체할 수 있는 생산성 있는 인사를 한 번 생각해보면 좋겠습니다.

"(내가 받은) 원한은 모래 위에 기록하고 (남에게 받은) 은혜는 돌 위에 기록하라"

여러분들은 살면서 위의 문구를 들어본 적이 있을 겁니다. 이 이야기에는 많은 버전이 있습니다. 그중에 가장 흔한 것은 미국의 저명한 정치인이었던 벤저민 프랭클린이 말했다고 전해지는 것입니다. 즉, '손해 본 일은 모래 위에 기록하고 은혜 입은 일은 대리석 위에 기록하라'라는 문구가 그것입니다. 아니면 '손해 본 일' 대신에 '내가 받은 상처'라고 쓰는 경우도 있습니다. 그러니까 내가 받은 상처는 모래 위에 적겠다는 것이지요. 단어가 어떻든 의미는 대동소이합니다. 즉, 내가 받은 피해를 모래 위에 적어 바닷물이 한 번 들어오면 흔적도 없이 사라지게 만들겠다는 것 아니겠습니까? 그렇지 않습니까? 해변에 글씨를 써 놓았는데 물이 한 번 들어왔다 나가면 언제 거기에 글씨가 있었느냐고 물을 정도로 그 글씨가 순식간에 사라지니 말입니다. 타인에게서 입은 피해는 이렇게 잊으라는 것입니다.

그런가 하면 타인에게서 받은 은혜는 대리석 같은 돌 위에 써서 영원히 기억하라고 권합니다. 대리석 같은 돌에 새겨넣으면 지워지지 않으니 그렇게 하라는 것입니다. 이것은 한국인들이 조상의 무덤 앞에 비석을 세우고 그 위에 조상의 이름을 써놓음으로써 조상을 영원히 기억하겠다는 것과 비슷하다고 하겠습니다. 돌에 새겨 넣으면 기본적으로 수백 년은 가니까 이런 발상이 가능했겠지요.

이와 매우 유사한 말씀이 중국의 고전인 『채근담』에도 나옵니다. 이 문구는 대체로 이렇게 진행됩니다. 즉 '내가 베푼 것은 마음에 새기지 말고 내가 잘못한 것은 새겨야 한다. 반면 남이 베풀어준 은혜는 잊으면 안 되지만 남이 나에게 남긴 원한은 잊어야 한다'라고 말입니다. 여기서도 남으로부터 입은 해악은 잊어야 하지만 받은 은혜는 꼭 기억해야 한다고 말하고 있습니다. 그런데 여기서는 조금 더 나아가서 내가 남에게 베푼 것은 잊어야 하지만 남에게 잘못한 것은 잊지 말아야 한다고 주장하고 있습니다. 참으로 철저한 이타적인 표현이라고 하겠습니다.

이런 이야기를 들어보면 다 좋은 이야기라고 생각하지만 과연 이게 실현 가능한 일일까 하는 의문이 듭니다. 남이 내게 손해를 끼치거나 위해를 가하면 우리는 보통 어떻게 합니까? 불같이 화내면서 복수를 다짐하지 않습니까? 예를 들어 만일 동업하던 친구가 몰래 사업 자금을 갈취해서 도망갔다면, 그래서 나는 집까지 차압 당하고 수억 원의 빚을 졌다면 우리는 어떤 반응을 보입니까? 보통 '다른 사람은 몰라도 저놈(동업자)은 가만 안 두겠다. 복수할 것이다. 반드시 그를 찾아내어 파멸시키겠다'라고 다짐하지 않습니까? 그리고 이런 적개심을 갖고 매일 술을 마시고 잠을 설치면서 치를 떱니다.

대부분의 우리는 이런 일을 겪으면 조금 전에 본 것과 같은 반응을 보입니다. 그런데 채근담 등에서는 우리에게 이와는 반대의 일을 하라고 권합니다. 즉 이런 복수의 마음이나 파괴적인 마음을 조금도 가져서는 안 된다고 하는 게 위에 나온 격언의 내용 아닙니까? 그런데 이 문구들이 말하는 것을 실제로 실천에 옮기는 것은 불가능하지는 않겠지만 대단히 어려운 일임이 틀림없습니다. 그래서 저렇게 고전 같은 데나 나오는 것입니다. 이 일이 쉬웠다면 굳이 고전에서 거론할 필요가 없었을 것입니다. 너무 어렵기 때문에 사람들이 그런 함정에 빠지는 것을 막기 위해 고전에서 조언을 주고 있는 것입니다.

이와 같은 주장은 세계 종교들의 가르침과 상통합니다. 불교나 기독교 같은 세계 종교에서도 '나에게 해를 끼친 사람을 무조건 용서하고 사랑하라'라고 가르치고 있지 않습니까? 예를 들어서 내 아이를 유괴해 죽인 범인일지라도 그를 용서하고 사랑해야 한다고 가르치는 것이 그것입니다. 이것은 전도연 배우에게 칸 영화제(2007년)에서 여우주연상을 안겨 준 '밀양'이라는 영화에 나오는 이야기입니다. 이 영화의 내용은 원래 이청준 작가가 쓴 『벌레 이야기』라는 소설을 각색한 것으로 알려져 있습니다. 이야기의 전개를 보면, 여자 주인공은 극 중에서 자기 아들이 유괴되면서 피살되는 일을 겪게 되는데 그 후에 교회에 나가 그 범인을 용서하는 그런 이야기입니다(원래 이야기는 이보다 훨씬 복잡하게 진행됩니다마는 이 장의 내용과 직접 관계되는 것이 아니라 거론하지 않았습니다). 우리가 여기서 묻고 싶은 것은 세계 종교에서는 왜 그런 사람까지도 용서하고 사랑해야 한다고 가르치느냐는 것입니다. 세계 종교에서는 그렇게 해야 하는 합당한 이유를 밝히지 않고 있습니다. 합당한 이유를 대지 않고 무조건 용서하라고 하니 평범한 우리들은 그 가르침을 따르기가 대단히 어렵습니다.

그런데 여기에 카르마 법칙을 적용해 보면 많은 부분이 설명될 수 있습니다. 아마 이제는 여러분들도 이 의문에 대해 대답할 수 있을 겁니다. 카르마 법칙에 따르면, 내가 이번 생에 어떤 사람에게서 해악을 받았다면 그것은 내가 이전 어떤 생이 될지 모르지만 그 사람에게 잘못했기 때문입니다. 그래서 그것을 보복하려고 저 사람이 이번 생에 나에게 나쁜 짓을 한 것이라는 것이지요. 따라서 이 카르마를 없애려면 그 사람이 나에게 행한 것을 감내하고 더 나아가서 그를 용서해야 하는데 이때 중요한 것은 그를 향해 복수하겠다는 마음을 가져서는 안 된다는 것입니다. 그 이유는 다 아시겠지요? 내가 복수한답시고 그에게 똑같은 일을 하면 그것은 다시 카르마를 짓는 일이 되기 때문입니다. 내가 그렇게 하면 이번에는 그가 앙갚음하겠다는 마음을 가질 것입니다. 그러면 서로에게 되갚는 일이 반복적으로 일어나 서로를 해치는 일이 끊이지 않을 것입니다. 이를테면 악순환되는 것이지요.

그럼에도 불구하고 굳이 복수를 감행하면 어떤 일이 일어나요? 이때 재미있는 것은 복수를 성공한 후에 당사자가 보인 반응입니다. 복수하기 전에는 내 아이를 죽인 원수이니, 혹은 내 부모를 죽인 원수이니 반드시 죽여야 한다고 생각했는데 막상 실제로 원수를 죽이는 일에 성공하면 그가 어떤 반응을 보입니까? 우리가 이런 일을 실제로 경험할 수 있는 것은 아니니 영화 같은 것을 통해 간접적으로 보았으면 합니다. 무협 영화를 보면 주인공이 자기 부모를 죽인 원수를 찾아 수십 년을 추적해 드디어 그 원수를 잡아 죽이는 장면이 나옵니다. 그런데 그 일이 끝난 뒤에 주인공들이 보이는 반응이 보통 어떻습니까? 시원하다기보다는 무언가 찝찝하다는 식으로 표현되는 경우가 많지 않았나요? 그렇게 죽이고 싶었던 철천지(徹天之)원수를 처단했는데 시원한 감이 들지 않고 공연한 일을 했다는 것 같은 느낌을 받는 것입니다.

왜 이런 느낌이 들까요? 그것은, 본인의 의식은 이 사태가 어떤 것인지 인식하지 못하지만 무의식의 차원에서는 '내가 또 큰 업을 지었구나' 하는 느낌을 받았기 때문 아닐까요? 그리고 이 업으로 인해 내가 미래에 좋지 않은 과보를 받을 것이라는 막연한 공포가 느껴지기 때문에 자기도 모르게 그런 반응을 보인 것 아닌지 모르겠습니다. 좌우간 저는 이제까지 복수를 하고 시원해하는 사람을 보지 못했습니다. 여러분들은 이 점을 잘 감안해서 행동의 지침으로 삼으면 좋겠다는 생각입니다.

나를 해친 사람을 용서해야 한다는 것은 이것으로 대강 이해되었습니다. 그다음으로 유념해야 할 일은 내가 남에게 잘못한 것은 꼭 기억해야 한다는 것입니다. 이 가르침은 대단히 중요한 것인데 의외로 세상에서는 이것을 그다지 강조하지 않습니다. 그런데 마침 『채근담』에 이에 관한 내용이 있어 다루어보고자 합니다. 우리는 아무래도 우리가 받은 상처는 잘 기억하지만 남에게 준 상처는 잊어버리거나 대수롭지 않게 생각하는 경향이 있습니다. 자기가 받은 상처는

'어떻게 저 녀석이 나한테 이럴 수 있어?'라고 하면서 분개하지만 자신이 남에게 행한 해악은 '그까짓 것 그럴 수도 있지, 뭐'라고 하든가 '미안하기는 하지만 어쩔 수 없었어'와 같은 태도를 보입니다.

인간은 기본적으로 자신이 행한 실수나 악은 기억하기 싫어하고 인정하기를 꺼리는 경향이 있습니다. 원래 자신의 단점을 수용하는 일은 결코 쉬운 것이 아닙니다. 그런데 카르마 법칙의 관점에서 볼 때 자기가 행한 해악은 반드시 회개해야 할 뿐만 아니라 그에 대한 과보를 받아야 한다면 달게 받아야 합니다. 이유는 간단합니다. 만일 이렇게 하지 않으면 나중에 그에 상응하는 해가 나에게 오기 때문입니다. 부정적인 카르마가 남아 나에게 좋지 않은 일이 생기게 되는 것입니다. 이 과보를 제때 받지 않고 미루었다가 나중에 받으면 총량이 더 커질 수 있으니 받아야 할 때 받는 것이 제일 좋습니다. 쉽게 말해 나중에 받으면 당사자가 더 괴로울 수 있다는 것입니다.

그런데 이것으로 모든 문제가 풀리는 것이 아닙니다. 더 큰 문제는 우리가 자신도 모르게 상대방에게 해를 가한 경우입니다. 우리는 자기도 모르게 남에게 상처를 주는 일이 있습니다. 예를 들어, 자신은 무심코 어떤 말을 뱉고 잊었습니다. 그런데 그 말을 들은 상대방은 그 때문에 큰 상처를 받고 힘들게 살 수 있습니다. 이럴 때 카르마 법칙이 어떻게 전개될까요? 대답은 대충 예측하시겠지요? 아무리 자신이 그러한 말을 한 사실을 잊었다고 해도 내가 한 언행이 상대방의 마음에 부정적인 카르마를 만들었기 때문에 언젠가는 이에 대한 과보를 받아야 합니다. 만일 여러분에게 별 이유도 없이 작지만 좋지 않은 일이 자꾸 일어난다면 이것은 과거에 자신도 모르게 남에게 상처를 준 과보라고 생각해도 그리 틀리지 않을 겁니다. 카르마 법칙이 무섭지요? 나는 아무 기억도 안 나는데 나 때문에 받은 상대방의 상처가 지닌 부정적인 기운이 나중에 내게 돌아온다고 하니 말입니다.

이와 관계해서 다음의 이야기를 생각해보면 재미있겠습니다. 저는 종교에 대해 강의할 때 이 질문을 많이 합니다. 즉 모르고 짓는 죄와 알고 짓는 죄 중 어떤 것이 더 나쁘다고 생각하느냐고요. 이렇게 물으면 사람들은 보통 알고 짓는 죄가 더 나쁘다고 대답합니다. 모르고 죄를 짓는 것은 무지해서 그렇다 치지만, 알면서도 죄를 짓는 것은 뻔뻔하기 때문에 이것이 더 나쁘다고 생각하는 것입니다. 그런데 한 번만 더 생각해보면 사실은 모르고 짓는 죄가 더 나쁘다는 것을 알 수 있습니다. 이유는 간단합니다. 알고 짓는 죄는 언젠가는 회개할 수 있지만 모르고 짓는 죄는 참회할 수 있는 기회가 없기 때문입니다. 따라서 모르고 죄를 지을 때는 그 죄에서 벗어날 가망성이 희박해진다고 할 수 있습니다.

이렇게 보면 우리가 바르고 진정한 삶을 살기 위해서는 상당한 지성이 필요하다는 것을 알 수 있습니다. 그렇지 않습니까? 자기 단점을 인정하고 자기가 모르고 지은 죄까지 인정하려면 상당한 수준의 지성을 갖추고 있어야 하겠지요. 자신의 단점은 심리학적 용어로 보통 '그림자'라고 불리는데 이것은 앞에서 본 것으로 칼 융이 주장한 것이라고 했습니다. 그런데 잊지 말아야 할 것은 자신에게 감춰져 있는 이 같은 그림자 성격을 인정하는 일이 대단히 힘들다는 것입니다. 그림자라는 용어에서 알 수 있듯이 그림자는 어두운 것 아닙니까? 따라서 그림자는 찾기가 힘듭니다. 어두우니 잘 안 보이는 것이지요. 그리고 그것은 자신이 직면하고 싶지 않은 흠이기에 우리는 자꾸 외면하려고 합니다.

그러다가 나중에는 자신의 그림자 성격을 다른 사람에게 투사해서 그를 비난하는 경우가 적지 않다고 했습니다. 자신이 지닌 그림자 성격을 인정하기 싫으니까 공연히 그것을 남에게 투사해서 자신은 그런 성격을 갖고 있지 않다고 믿고 싶은 것입니다. 이렇게 자신의 단점을 남에게 투사하는 것은 간접적으로 자신의 그림자와 조우하는 것인데 이 같은 방법은 그림자 문제를 해결하는 데에 전혀 도움이 되지 않습니다. 외려 문제를 더 악화시키지요. 우리는 어떻게 해서든 자신의 그림자 성격과 대면해야 합니다. 그러나 이 작업이 정 힘들면 그다음으로 취할 수 있는 방법은 좋은 스승을 찾아서 가르침을 받는 것입니다. 자신이 혼자 이런 일을 하면 제일 좋겠지만 이게 잘 안 되면 주위에서 도움을 받으라는 것입니다. 여러분들 주위에 분명 그런 분들이 있을 터이니 한번 잘 찾아보시기 바랍니다(그런데 이 일에 성공하려면 발품을 많이 팔아야 한답니다!).

그다음에 고려해야 할 것은 자기가 행한 선행에 관한 것입니다. 이에 대해서 『채근담』이 아주 잘 설명하고 있지요. 이 일 역시 중요한 것인데 세간에서는 중요하게 다루지 않는 것 같습니다. 이 가르침의 요점은 자기가 행한 선행은 서둘러 잊으라는 것입니다. 아까 앞에서는 타인이 나에게 행한 해악은 모래 위에 쓰라고 했는데 같은 식으로 자기가 타인에게 베푼 은혜 역시 모래밭에 쓰라고 하고 싶군요. 바로 지워지게 말입니다. 왜 그럴까요? 이것을 카르마 법칙의 입장에서 보면, 내가 행한 선행은 이전에 내가 받은 것을 되갚는 것이니 전혀 생색낼 이유가 없기 때문입니다. 그렇지 않습니까? 내가 남에게 진 빚을 갚으면서 그걸 선행이라고 뻐길 필요는 없는 것 아니겠습니까? 그런데 그걸 어기고 자신의 선행을 자랑한다거나 상대방에게 왜 고맙다고 하지 않느냐는 식으로 힐난하면 그것은 다시 부정적인 카르마를 짓는 일이 될 겁니다. 그러니 남에게 좋은 일을 했다면 그저 자신에게서 파생되는 긍정적인 에너지를 느끼고 바로 잊는 것이 본인에게 이로울 것입니다.

이것은 불교나 기독교 같은 세계 종교가 말하는 것과 일치합니다. 먼저 기독교를 보면 예수님이 이렇게 말합니다. '오른손이 하는 일을 왼손이 모르게 하라. 그러면 숨은 일도 보시는 네 아버지(신)가 갚아주실 것'(마태 6:3~4)이라고 말입니다. 선행을 하되 쥐도 새도 모르게 하라는 것입니다. 그러면 누가 '이렇게 하면 오른손은 아는 것 아닌가'라고 반문할 수 있습니다. 재미있는 반문인데 일리가 있는 생각입니다. 만일 이 생각에 동의한다면 선행을 할 때 오른손도 모르게 해야겠지요. 그래서 불교에서는 같은 일을 할 때 아무도 모르게 하라고 권합니다. 이와 관련해서 불교에서 말하는 유명한 가르침이 있지요? 즉, '주는 사람도 없고 받는 사람도 없고 그저 주는 것(giving)만 있게 하라. 그게 진정한 보시다'라는 명언 말입니다. 이것은 대단히 훌륭한 가르침입니다만 실행하기에는 정말 힘든 일입니다. 아니, 거의 불가능한 일이 아닐지 모르겠습니다.

위의 말씀은 카르마 법칙과도 상통하는 바가 있습니다. 왜냐하면 카르마 법칙의 입장에서 볼 때도 선행을 할 때 아무도 모르게 해야 가장 큰 공덕이 쌓이기 때문입니다. 잘 알려진 대로 카르마 법칙은 의도를 중시하기 때문에 우리가 선행을 해놓고 '이것은 내가 한 일이다'라고 생각하면 그것은 그 의도에 자만 의식이 들어간 것이라고 할 수 있습니다. 그렇게 될 경우 그 자만 의식 때문에 그만큼 좋은 과보가 깎일 수 있습니다. 그렇지 않고 선행을 하고도 의식하지 않으면 그때 생긴 선업은 있는 그대로 보존됩니다. 그렇다고 이때 자만심을 갖지 않겠다고 다짐하면서 '이 선행은 내가 한 것이 아니다'와 같은 식으로 억지로 자만심을 누르면 그게 또 선업을 깎아 먹을 수 있습니다. 이처럼 우리의 의식 세계는 엄정하고 섬세해서 제대로 처신하기가 힘듭니다. 그래서 가장 좋은 것은 자연스러운 것인데 이것은 개인마다 자연스러움의 척도가 다르니 여러분들 개개가 잘 생각해 보시기 바랍니다.

이제 마지막입니다. 다 잊어도 결코 잊어서는 안 되는 게 있지요? 바로 남에게서 받은 은혜입니다. 이것을 잊지 않게 대리석에다 새겨 넣으라고 했으니 이렇게만 한다면 잊힐 일이 없을 겁니다. 그런데 현자들은 왜 우리에게 이런 식으로 살라고 끊임없이 요구하는 것일까요? 이것은 사람들이 자신들이 받은 은혜는 하도 잘 잊어버리니까 이런 식으로 대리석에다가 써놓으라는 강수를 제안하는 것 같습니다. 우리는 이처럼 타인이 나에게 행한 선행을 다 잊을 뿐만 아니라 잊어버렸다는 사실도 기억하지 못합니다. 그런데 카르마 법칙은 우리에게 이렇게 살지 말라고 말합니다. 남에게서 받은 은혜는 반드시 기억해서 되갚아야 한다고 강조합니다. 제대로 살기가 참 힘들지요? 저도 말은 이렇게 하지만 실수하는 적이 한두 번이 아닙니다.

그런데 위의 이야기를 반대로 해석할 수도 있습니다. 즉 카르마 법칙에 따르면, '내가 지금 남에게서 은혜를 입는다면 그것은 내가 언젠가 타인에게 해준 것을 도로 받는 건데 굳이 감사해 할 필요가 있나'라고 말입니다. 이것은 틀린 말은 아닙니다. 그러나 이것은 카르마 법칙을 일차원적으로 혹은 평면적으로 해석한 것입니다. 카르마 법칙의 적용은 그런 차원에서 그치면 안 됩니다. 우리는 카르마 법칙을 일차원적으로 적용하는 것을 넘어서 자신을 한 단계 더 업그레이드할 수 있는 기회를 만들어야 합니다. 따라서 남으로부터 은혜를 받으면 그것을 당연하게 생각하지 말고 그런 상황을 발판으로 삼아 영적으로 더 성숙하기 위해 노력해야 합니다. 그뿐만 아니라 그렇게 이룩한 것을 이웃들과 나누어야합니다. 이것이 카르마 법칙을 진정으로 활용하는 방법이라고 할 수 있습니다. 모든 것은 카르마 법칙대로 흘러간다고 생각하고 손 놓고 가만있을 것이 아니라 성장을 위해 끊임없이 노력해야 한다는 것입니다. 그게 바로 카르마 법칙의 요체입니다.

끝으로 사족처럼 첨언해 보면, 여러분들이 절에 가면 이런 문구, 즉 '금강경 일만 번 독송 업장 소멸' 등과 같이 쓰여 있는 현수막을 발견할 수 있을 겁니다. 이것을 볼 때마다 저는 '저렇게만 되면 얼마나 좋을까' 하는 생각을 합니다. 앞서 경만 읽어도 내 업이 사라진다면 얼마나 좋겠느냐는 것입니다. 그런데 암만 생각해보아도 경전을 열심히 읽어본들 그 효과는 그리 클 것 같지 않습니다. 경전을 읽어보아야 카르마 소멸에는 그다지 효험이 없을 것 같다는 것입니다. 왜냐하면 몸을 움직이지 않았기 때문입니다.

우리는 카르마를 소멸하기 위해서 땀을 흘리면서 몸으로 직접 뛰어야 합니다. 남에게 은혜를 입었다면 그 은혜를 갚기 위해 몸으로 직접 행동해야 합니다. 그렇지 않고 방안에 틀어박혀 경전만 읽어서는 아무 효과가 없습니다. 이것은 마치 사회 변혁을 꾀하는 운동가가 사회에 직접 나가 운동을 주도하지 않고 방안에서 사회개혁서 같은 책을 읽는 것과 같은 것입니다. 그런 책을 백날 읽어봐야 사회에는 한 줌의 변화도 생기지 않습니다. 카르마도 마찬가지입니다. 우리의 카르마를 소멸하는 길은 아무리 수고스럽다고 해도 친히 몸소 나서야 합니다. 이 지구 학교는 그래서 힘듭니다. 그러나 굳이 혼자 갈 필요는 없습니다. 마음에 맞는 도반과 같이 가면 훨씬 덜 힘들겠지요. 그리고 눈 밝은 분을 찾아가서 가르침을 받을 수 있고 그런 분들이 쓴 책이나 설법하는 영상을 보면서 배울 수도 있습니다. 이렇게 우리는 노력에 노력을 거듭하면서 이 지구 학교의 학생이라는 기회를 십분 활용해야겠습니다.

"어떤 놈은 부모 잘 만나 벤츠 타고 다니고 나는 부모 잘못 만나 뚜벅이다"

위의 문구는 듣기에 따라 조금 섬뜩할 수 있지만 우리 주위에서 심심치 않게 들리는 이야기입니다. 또 수년 전 최순실 사태 때 그의 딸인 '정'이 한 말도 생각납니다. 그가 '부모 잘 만난 것도 능력이다'라고 해서 많은 사람들의 공분을 사지 않았습니까? 이런 이야기를 들어보면 사람들은 자신의 탄생과 관계된 상황이 자신과는 무관하게 생긴 것이라고 여기는 것 같습니다. 그래서 어떤 놈은 팔자 좋게 부잣집에 태어나 벤츠를 선물로 받는데 나는 가난한 집에 태어나 걸어 다니거나 지하철이나 타는 신세라고 한탄하는 것이지요.

이런 말을 들으면 할 말이 없습니다. 이것은 분명히 벌어진 일이니 말입니다. 그런데 이게 그냥 우연으로 생긴 일일까요? 이번 생 하나만 놓고 보면 이것은 분명 우연적인 사건입니다. 태어나보니까 내 부모가 부자거나 가난하거나, 아니면 그저 그러하거나 하는 것 가운데 하나의 경우에 속할 터이니 말입니다. 이러한 입장에서 보면 우리는 이 세상에 내동댕이쳐진 존재라고 할 수 있습니다. 그러니까 나는 내 의사와 관계없이 그냥 세상에 던져진 것이라는 것이죠. 이 문제에 관해서는 다른 장에서도 잠깐 보았습니다. 앞선 장에서 거론한 것으로 젊은이들이 부모에게 불평하면서 '누가 나를 낳아 달라고 했어? 왜 책임도 못 질 것이면서 나를 났대?' 하고 말하는 것 말입니다.

이 이야기를 하다 보니 2019년에 개봉했던 "가버나움"이라는 영화가 생각나는군요. 이 영화는 실화를 바탕으로 만들어진 것이라 당시 세간으로부터 많은 주목을 받았습니다. 이 영화의 주제는 레바논의 내전 때문에 온갖 고생을 하게 된 12살 난 주인공이 자신을 낳은 부모를 고소한 것입니다. 자신은 부모 때문에 이 세상에 공연히 태어나 고생만 하고 있으니 그 죄(?)를 법정에 물은 것입니다. 부모를 고소했다는 독특함 때문에 이 사건이 사람들로부터 많은 관심을 받았고 급기야 영화로까지 만들어진 것입니다. 주인공은 자기 부모처럼 무책임한 사람은 부모 될 자격이 없다고 하면서 이들이 더 이상 아기를 낳지 말게 해달라고 재판장에서 절규합니다. 주인공이 그 부모 밑에 사는 것이 얼마나 힘들었으면 부모를 고소했겠습니까마는 이런 어린이들은 카르마가 어떨지 궁금합니다.

다시 우리의 주제로 돌아가서, 우리가 이 세상에 있게 된 경위에 대해 사람들은 대체로 다음과 같이 생각하는 것 같습니다. 나는 원래 존재하지 않았는데 부모가 성관계를 해서 정자와 난자가 합해지면서 내가 생겨났다고 말입니다. 이런 생각이 얼마나 비합리적이고 비논리적인가에 대해서는 여러 차례 언급한 바 있습니다. 이 같은 생각이 가진 문제는 여러 가지로 생각해볼 수 있는데 가장 큰 문제는 환원주의(reductionism)의 오류입니다. 환원주의가 어려운 용어 같지만 실은 그다지 어렵지 않습니다.

이 오류가 무엇을 말하는 것인가 하면, 인간의 생명(혹은 의식)이라는 고차원의 문제를 설명할 때 같은 차원에서 설명하지 않고 정자와 난자의 결합이라는 물질의 차원으로 환원시켰다는 것입니다. 그래서 오류를 범했다는 것입니다. 인간의 정신(혹은 의식)은 물질보다 훨씬 고차원이기 때문에 물질을 가지고 이것을 설명하는 것은 잘못된 것입니다. 그런데도 고차원의 것을 낮은 차원으로 환원해서 해석을 시도했기 때문에 틀렸다는 것이지요. 물질은 아무리 많아도 끝까지 물질로 남지 그것이 정신적인 것으로 치환될 확률은 제로입니다. 따라서 정신이나 의식의 문제는 그 해당 차원에서만 설명해야 합니다. 정자와 난자의 결합은 몸이라는 물질을 설명할 때만 필요한 요소입니다. 우리 인간이 이 지구라는 물리적 환경에서 살기 위해서는 몸이라는 물질이 필요하기 때문에 정자와 난자가 결합되면서 몸이 만들어진 것뿐입니다.

환원주의 문제는 철학적인 것이라 다소 어려우니 여기서 설명을 그치기로 합니다. 이 책은 카르마 법칙에 관한 책이니 그 관점에서 이 문제를 바라보겠습니다. 카르마 법칙이 지닌 가장 중요한 원리가 무엇입니까? '모든 것에는 원인이 있다' 아닙니까? 그러니까 우연이라는 것은 없다는 것입니다. 어떤 일이 생겼다면 거기에는 분명 원인이 있는 것인데 우리는 이 원인이 무엇인지 찾아내야 지혜롭게 삶을 살 수 있습니다. 만일 '어떤 놈은 부모덕에 벤츠 타고 다니는데 나는 지하철 인생이니 너무 불평등해 억울하다'라고 하면서 불평만 하면 이것은 슬기로운 삶의 태도가 아닙니다. 그보다는 나는 왜 이런 환경에 태어났는가를 면밀하게 따져서 이런 환경에서 어떻게 처신해야 나를 발전시킬 수 있는지를 궁구해야 합니다. 누구는 왜 부잣집에 태어나고 누구는 왜 가난한 집에 태어나는지를 일률적으로 설명해주는 그런 이론은 없습니다. 사람마다 카르마가 다르기 때문에 그런 일이 일어났을 뿐입니다.

이 주제와 관련해서 이번 장에서 중점적으로 다루고 싶은 것은 우리들이 소유하는 부에 관한 것입니다. 여기서 거론하고 싶은 문제는 아주 간단합니다. 왜 누구는 그렇게 돈이 많고 누구는 왜 돈이 없는가 하는 것입니다. 우리 같은 보통 사람들이 살면서 가장 관심을 많이 두는 것은 돈이 아닌가 합니다. 우리의 일생은 평생 돈만 좇다가 마는 것 같은 느낌이 들 정도입니다. 돈 때문에 보험금을 노리고 가족까지 죽이는 세상이 됐으니 사람들이 돈을 얼마나 중요하게 생각하는지 알만합니다. 사람들이 돈을 얼마나 좋아하는지는 더 언급이 필요 없을 것입니다. 우리는 누구나 '돈, 돈, 돈' 하면서 눈에 불을 켜고 돈을 좇고 살고 있지 않습니까?

우리는 누구나 돈을 많이 벌기 위해 갖은 힘을 다 씁니다. 이것은 빈부격차와 관계없이 모든 사람이 지향하고 있는 바입니다. 돈이 많은 사람은 돈이 많은 대로 '더 많이, 더 많이'를 외치면서 돈을 찾아다니고 돈이 많지 않은 사람은 돈이 없으니 '돈, 돈, 돈' 하면서 돈을 좇습니다. 그런데 돈이 많은 사람들을 보면 저 정도의 돈을 갖고 있으면 돈을 그만 벌어도 될 것 같은데 그런 것에 아랑곳하지 않고 돈을 더 벌려고 안간힘을 쓰는 것을 자주 목도할 수 있습니다. 이렇게 돈을 추구하는 것 자체는 문제될 것이 없습니다. 우리 인간은 어차피 의식의 기저에 욕심이 깔린 이기적인 존재라 욕망의 최고 상징인 돈을 쫓는 것을 두고 나쁘다고 할 수는 없지요.

제가 지금까지 살면서 돈에 초연한 사람은 거의 만나 본 적이 없는 것 같습니다. 돈 앞에 오면 사람들이 다 말을 바꾸고 변신하기 때문에 그렇습니다. 우리는 주위에서 사람들이 돈 때문에 이해가 갈리면 이전의 친밀한 관계가 한순간에 물거품이 되는 경우를 많이 보았습니다. 그 대표적인 게 돈 때문에 생기는 가족 간의 갈등 아닙니까? 어릴 때는 다정했던 형제자매들이 부모가 타계한 후 유산을 놓고 원수가 되지 않습니까? 어떤 가족은 아버지가 운명하자마자 바로 그 침상에서 유산을 놓고 싸우기 시작했다는 이야기도 있지 않습니까? 이처럼 우리는 철저하게 욕심에 사로잡혀 살고 있습니다.

부부의 경우도 마찬가지입니다. 한때는 상대방이 없으면 못 살겠다던 부부가 이혼할 때는 돈 때문에 극악한 원수가 되어버리는 경우를 여러분은 많이 보지 않습니까? 이에 대해서는 앞에서 이미 언급했습니다. 위자료나 재산을 놓고 한쪽은 더 뺏으려고 하고 다른 한쪽은 덜 주려고 사력을 다하는 그런 모습 말입니다. 이런 게 돈입니다. 인간의 끝없는 욕심 때문에 이런 일이 벌어지는 것입니다. 인간은 대체로 이 이기적인 욕심에서 벗어나지 못하고 생을 마감합니다. 카르마 법칙에서 자유롭게 되려면 이 욕심을 어느 정도라도 극복해야 하는데 안타깝기 짝이 없습니다. 이 욕심에 '끄달리는' 한 우리는 카르마 법칙에 휘둘릴 수밖에 없습니다.

그런데 우리가 돈에서 상대적으로 자유로워질 수 있는 방법이 있습니다. 이 방법은 생각보다 간단합니다. 자신의 분수를 아는 것입니다. 무슨 분수일까요? 돈에 대한 분수입니다. 제가 지금까지 경험해본 바에 따르면 한 사람이 태어날 때 지니게 되는 부는 대체로 결정되는 것 같습니다. 그러니까 그 사람이 그 생에서 무슨 일을 어떻게 하든 평생 버는 돈은 대체로 결정되어 있다는 것입니다. 이것을 다른 표현으로 하면, 이번 생에 할당된 부를 담을 그릇은 만들어진 상태로 태어난다는 것이지요. 어떤 사람은 큰 그릇을 가져와서 큰돈을 그 그릇에 담지만 어떤 사람은 작은 그릇을 가져와서 적은 돈만 담는다는 것이 제 생각입니다.

그런데 어떤 사람이 작은 그릇을 갖고 태어났는데 만일 그 안에 담을 수 없는 돈을 벌었다고 합시다. 그런 경우는 어떻게 될까요? 그럴 때는 돈이 자연히 옆으로 새서 없어질 것입니다. 그것은 할 수 없는 일입니다. 그릇이 작으니까 그 그릇 이상의 돈은 넘쳐서 사라지는 것뿐입니다. 반대로 큰 그릇을 가져온 사람은 어떻게 해서든 그 그릇을 채웁니다. 그래서 그런 사람은 돈을 조금밖에 벌지 못하는 경우가 있을지라도 결국은 다른 계기가 생겨 돈이 모이게 되고 자신의 그릇을 다 채우게 됩니다.

만일 이러한 생각을 받아들인다면 이번 생에 돈을 주워 담을 수 있는 자신의 그릇이 얼마나 큰지를 아는 일이 필요합니다. 그래야 쓸데없는 욕심을 부리지 않고 편안하게 살 수 있을 겁니다. 그렇지 않고 자신의 그릇이 가진 크기를 망각한 채 돈을 벌겠다고 설치면 공연히 본인만 힘듭니다. 자기에게 배당된 돈 이상을 벌겠다고 하니까 힘이 드는 것입니다. 또 그렇게 해서 돈을 벌어본들 다른 데에서 손실이 생기면서 자신의 몫으로 할당된 돈을 제외하고 다 새어나갈 게 틀림없습니다. 만일 자신의 카르마를 제대로 파악해서 이번 생에 자신에게 할당된 돈이 얼마인지를 안다면 낭패를 줄일 수 있을 것입니다.

여러분들의 이해를 돕기 위해 예를 하나 들어볼까요? 좋은 예가 있습니다. 이번 생에 절대로 사업을 하거나 부동산, 주식 같은 분야에 투자하면 안 되는 카르마를 가진 사람의 경우입니다(사실 이것은 제 경우이기도 합니다). 이러한 사정은 그 사람의 사주를 가지고 점을 쳐도 쉽게 알 수 있습니다. 그런데 이런 사람이 자신의 본분을 어기고 사업을 하거나 주식에 투자하면 백이면 백 실패를 합니다. 이런 예를 우리는 주위에서 꽤 많이 발견할 수 있습니다. 저는 현직에서 은퇴했기 때문에 은퇴한 사람들이 제 분수를 몰라 낭패를 겪는 경우를 드물지 않게 봅니다. 평생 교수질만 하던 사람이 은퇴해서 팔자에 없는 큰돈을 손에 쥐게 됩니다. 퇴직금이 수억이 되니까요. 그런데 이 사람이 욕심이 나서 이 돈을 더 불리고 싶은데 무엇을 어떻게 해야 할지 몰라 당황해합니다. 이럴 때 그가 먼저 해야 할 일은 자신의 카르마에 돈을 투자하고 불리는 일이 포함되어 있는지를 확인하는 일입니다. 쉽게 말해 사업을 해도 되는 팔자인지 알아보아야 한다는 것입니다. 그런데 만일 그 사람의 명(命)에 사업 운이 없다면 이 사람은 그 돈을 가지고 절대로 다른 일을 해서는 안 됩니다. 사정이 이런데도 이 사람이 그것을 어기고 주식을 한다든가 펀드 상품에 가입했다고 합시다. 이 경우 그는 백이면 백 낭패를 봅니다. 무조건 돈 다 날립니다. 사업 운이 없는 사람은 돈을 투자해서 불릴 생각을 하면 안 됩니다. 그런 사람은 그저 남이 주는 월급만 받고 살아야 하며 그렇게 모은 돈을 은행에 넣어두고 가만히 있어야 합니다.

이와 반대되는 사람도 있습니다. 돈을 벌려고 아등바등하지 않아도 돈이 붙는 사람이 있다는 것입니다. 이런 사람은 사기를 당해 돈을 다 날릴 위기에 있는데도 그것이 전화위복이 되어 더 큰돈을 벌기도 합니다. 이와 관계해서 재미있는 예가 한국 최초의 여성 사회적 기업가라 불리는 백선행 여사(1848~1933)입니다. 이분은 일제때 많은 기부를 해 칭송을 받았는데 이분이 결정적으로 돈을 번 것은 부동산 투자 덕이었습니다. 이분은 당시 평양 근교의 만달산 일대에 있는 땅을 샀는데 그 땅은 불모지나 다름없었다고 합니다. 그런데 그 땅에 시멘트의 원료인 석회가 매장되어 있는 것이 발견되어 팔 때는 10배로 팔아서 지금 돈으로 약 300억 원을 손에 넣었다고 합니다. 그런데 백 여사는 이 큰돈을 모두 사회에 기부해 학교를 짓는 등 많은 선행을 합니다. 이런 일을 하는 것은 훌륭한 선근(善根)을 심는 것이라 그 덕에 다음 생에는 지금과는 비교도 안 되게 좋은 환경에 태어날 수 있을 것입니다.

다시 우리의 주제로 돌아가서, 그가 이 땅을 사게 된 데에는 두 가지 설이 있습니다. 하나는 그가 이 산의 가치를 알고 샀다는 것이고 다른 하나는 속아서 샀다는 것인데 저는 후자의 설이 맞을 것 같습니다. 그러니까 사기꾼에게 속아서 아무짝에도 쓸모가 없는 땅을 샀다는 것인데 만일 이 경우가 맞는다면 앞에서 제가 말한 이론이

딱 맞아떨어지는 경우라고 할 수 있습니다. 부자가 될 사람은 행여 사기를 당해도 결국은 전화위복이 된다는 것 말입니다. 그러니까 이분은 큰돈을 거머쥘 운명을 갖고 태어났기 때문에 어떻게 해서든 그돈이 모인다는 것이지요. 이분은 돈에 관한 한 큰 그릇을 갖고 태어난 것입니다.

그런데 이분이 대단한 것은 이렇게 번 돈을 모두 다른 사람을 위해 썼다는 것입니다. 이렇게 되면 카르마 법칙에 따라 이분의 영적인 성장은 배가의 배가를 거듭할 것입니다. 다음 생에는 앞에서 말한 것처럼 이번 생보다 훨씬 좋은 환경에 태어나 이 지구 학교를 졸업하기 위해 더 많은 노력을 할지도 모릅니다. 글쎄요, 섣부른 추정일 수 있지만 다음 생에는 지혜를 닦을 수 있는 환경에 태어나지 않을까 싶습니다. 그러니까 다음 생에는 돈을 버는 것과 무관한 환경에 태어나 영적인 성장에만 몰두할 것 같다는 것입니다.

이렇게 보면 내가 부잣집에 태어나든, 가난한 집에 태어나든 그것에 대해 감사해하거나 불평할 이유가 없다는 것을 알 수 있습니다. 어떤 환경에 태어나든 그것은 내가 선택한 것이기 때문입니다. 그보다는 이 환경을 받아들이고 그 안에서 나는 무엇을 어떻게 해서 나의 성장을 도모할 것인가를 심사숙고해야 합니다. 만일 부잣집에 태어나 벤츠를 몰고 다니면서 부를 자신만을 위해 탕진한다면 그는 부잣집에 태어난 기회를 전혀 살리지 못하는 것이 됩니다. 그렇지 않고 그 부를 활용해 많은 사람에게 직장을 만들어주는 등 선행을 했다면 그는 이번 생에 큰 진보를 이루는 것입니다. 가난한 집에 태어난 것도 마찬가지입니다. 그런 환경에 사는 데에 대해 불평하지 않고 또 이 같은 역경을 자신을 단련할 수 있는 좋은 기회라고 생각해서 노력을 아끼지 않는다면 그는 영적으로 크게 성장할 수 있을 것입니다. 그러니까 여러분들도 자신이 처한 환경에 불만을 갖지 말고 그 현실을 활용할 수 있는 방법을 생각해보시기 바랍니다.

"부모와 자식은 천륜이라 끊을 수 없느니라!"

한국 사회에서 부모의 지위는 막강합니다. 나를 낳아준 부모에 대한 감정이 남다릅니다. '아버지 날 낳으시고 어머니 날 기르시니..' 와 같은 『명심보감』의 문구가 아니더라도 한국인들이 부모를 대하는 태도는 경이롭습니다(그런데 아버지가 날 낳았다는 게 이상하지 않습니까? 여기에는 나름의 설명이 있지만 여기서는 생략하겠습니다). 한번 부모와 자식 간의 관계가 맺어지면 그것은 하늘이 정해준 것이라고 생각해 인간은 절대로 바꿀 수 없다고 여깁니다. 그런 나머지 한국인들은 부모와 자식 간의 관계를 천륜(天倫)이라고 하면서 결코 변할 수 없는 관계라고 주장합니다. 이렇게 말하면 한국인들은 대부분 수긍하고 동의합니다. 그들이 신봉하는 유교에서 그렇게 가르쳐 왔기 때문입니다.

이것은 한국인들이 쓰는 용어를 보아도 잘 알 수 있습니다. 한국인들은 잘 눈치채지 못하지만 한자 단어에는 부모에게만 쓰는 글자가 있습니다. 친(親)이 그것입니다. 우리가 부모를 양친(兩親)이라 하고 아버지를 '부친(父親)', 어머니를 '모친(母親)'이라고 하는 것이 그것입니다. 이 용어는 조부나 조모에게도 쓰지 않습니다. 그렇지 않습니까? 할아버지를 부를 때 '조부친'이라고 하지 않고 할머니도 '조모친'이라고 하지 않지요? 여기서 말하는 '친'은 인간의 관계 중 가장 가까운 단계이고 다른 관계가 범접할 수 없는 관계를 말할 때 쓰는 용어입니다. 오로지 부모에게만 '친'이라는 용어를 쓸 수 있는 것이지요. 우리는 이런 사실을 통해 한국인들이 인간관계 중에 핏줄을 가장 중요시한다는 것을 알 수 있습니다(사실 이런 것들은 대부분 중국에서 들어온 것이기는 하지만요).

한국인이 갖고 있는 이런 생각 때문에 한국에는 그와 연관되는 사회 현상이 일어납니다. 예를 들어 입양을 꺼리는 것이 그 대표적인 것입니다. 한국인이 생각하기에 내 핏줄이 아닌 아이를 내 가족 안으로 끌어들이는 것은 말도 안 되는 일입니다. 그것은 천륜을 어기는 일이기 때문입니다.

이런 사정이 있기 때문에 한국인들은 자신을 낳아준 부모를 최우선시합니다. 이런 모습은 가끔 TV 드라마에서도 보입니다. 예를 들면, 어떤 드라마에서 주인공이 어떤 사람과 원수지간으로 살고 있었습니다. 그래서 수십 년을 죽일 듯이 서로 으르렁거렸죠. 그런데 알고 보니 그 원수는 친아버지였습니다. 반면에 지금까지 아버지로 생각하고 같이 살았던 사람은 양부였던 것입니다. 한국 드라마가 제일 좋아하는 출생의 비밀이 다시 나왔습니다. 그러자 주인공은 나름대로 생각한 끝에 친아버지와 한편이 됩니다. 과거에 원수였다는 것을 다 잊은 것입니다. 그리고는 자신을 지금까지 키워준 양아버지를 배신하고 그와 싸우게 됩니다. 그는 이 같은 자기 모습에 대해 어느 정도 번민하지만 '아무리 원수라도 그가 내 친아버지인 이상 나는 그와 한 편이 되어야 한다'고 굳게 믿습니다. 그리고 그 신념에 따라 행동하면서 자기 믿음이 틀리지 않았다는 것을 확인합니다. 스토리가 그렇게 흘러가도 한국의 시청자들은 그 전개의 비논리성을 지적하기보다는 주인공이 핏줄을 따라가는 데에 동의를 표합니다.

그러나 지금까지 말한 것을 카르마 법칙의 입장에서 보면 영 다른 해석이 가능합니다. 카르마 법칙의 관점은 간단합니다. 인간관계에서 변하지 않는 관계는 없다는 것입니다. 다시 말해 천륜과 같은 불변의 관계는 없다는 것이지요. 한번 부모면 수천, 수만 년이 지나도 끝까지 부모인 그런 관계는 없다는 것입니다. 이것은 자연스러운 일입니다. 카르마 법칙에 따라 우리는 계속해서 역할을 바꿔가며 환생하기 때문입니다.

이 주제와 관련해서 환생을 연구하는 사람들 사이에서 인구(人口)에 회자(膾炙)되는 이야기가 있습니다. 그 대강은 다음과 같은 것입니다. 어떤 어머니가 아기의 기저귀를 갈아주자 이 아기가 갑자기 '이전에는 내가 엄마 기저귀를 갈아 주었는데...'라고 말하더랍니다. 이 말이 무엇을 의미하는지 금세 아시겠지요? 이 아기는 전생에 이 엄마의 아버지였던 것입니다. 그러니까 할아버지가 자신의 손자(혹은 손녀)로 환생한 것이지요. 이안 스티븐슨이 발표한 환생 사례집을 보면 가족 내에서 계속해서 환생하는 예가 꽤 있습니다. 스티븐슨의 책

말고 같은 주제를 다룬 연구들을 보면 이러한 예가 부지기수로 나옵니다. 예를 들어 이전 생에서 연인 사이였는데 이번 생에서는 성별은 유지하되 자신은 딸로, 애인은 아버지로 환생하는 것 등이 그것입니다. 이런 예가 너무 많아 더 거론할 필요를 느끼지 못합니다.

사정이 이러하기 때문에 인간관계에는 변하지 않는 그런 것이 없다고 한 것입니다. 그러니까 '하늘이 정해준 관계이니까 이것은 변할 수 없다'라는 말은 틀렸다는 것입니다. 이 입장에서 보면 완전히 다른 시각에서 이해할 수 있는 일들이 많은데 입양 문제가 그 대표적인 것입니다. 입양이라는 사건을 카르마 법칙의 관점에서 보면, 당사자의 생모(그리고 생부)는 큰 의미가 없다고 할 수 있습니다. 피입양인에게 그의 생모는 그다지 인연이 없는 사람이라는 것이지요. 카르마적으로 풀면 그렇다는 것입니다. 특히 아버지는 더 의미가 없습니다. 피입양인들이 자기 핏줄을 찾을 때 주로 생모를 찾지 생부는 별로 찾을 생각을 하지 않는 것이 그런 사정을 말해줍니다. 그렇지만 생모도 당사자가 이 세상에 나오는 데에 통로 역할만 한 것이지 그 이상의 의미는 없습니다. 당사자의 카르마를 가지고 보면 그의 진짜 부모는 입양한 사람이라고 해야 합니다. 당사자는 이번 생을 세팅할 때 무슨 이유인지 모르지만 자신을 낳아준 부모와 길러준 부모가 다르게 되도록 계획을 세웠다고 할 수 있습니다. 이렇게 보면 부모와 자식 간의 관계가 천륜이라는 말이 무색해집니다. 피입양인에게는 천륜의 관계가 생모(부)가 아니라 입양모(부)가 되기 때문입니다. 물론 피입양인이나 입양 부모는 자신들의 관계가 천륜이라고 생각하지 않을 것 같지만요.

제가 말은 이렇게 하지만 입양의 경우는 그 카르마적인 관계를 규명하는 일이 쉽지 않습니다. 이 일이 얼마나 알기 어려운지 한국의 경우를 예로 들어볼까요? 한국은 선진국이라는 이름에 걸맞지 않게 입양을 많이 시키고 있는데 입양되는 국가도 매우 다양합니다. 다양하다고는 하지만 아이들은 대체로 서구 선진국으로 입양됩니다. 예를 하나 들어보지요. 어떤 한국 아기가 덴마크로 입양되었습니다. 이 사례는 상상한 것이 아니라 실제로 있었던 일입니다. 이 아이는 서울 근교에서 버려져서 덴마크로 갔습니다. 그런데 덴마크도 그냥 덴마크가 아니라 시골에 있는 낙농 농장으로 입양 가서 성장한 다음에 그 농장을 부친으로부터 물려받게 됩니다.

이런 경우 도대체 어떤 인연으로, 어떤 카르마의 힘으로 당사자가 서울 근교에서 태어나 그 먼 덴마크 시골에까지 입양되어서 간 것일까요? 이 사람이 한국에서 입양되었다면 카르마적 관계를 설명하는 것이 그리 어렵지 않을 수 있습니다. 그렇지 않겠습니까? 입양과 관계된 사람들이 이전 생에 모두 한국에 살았다고 한다면 그 카르마적 고리를 설명하는 일이 어렵지 않을 것입니다. 지리적으로 같은 곳에 살았으니 카르마로 엮일 확률이 높은 것입니다. 그런데 서울에서 태어난 아이가 인연의 고리를 전혀 발견할 수 없을 것 같은 덴마크의 부부에게로 입양 간 것을 어떻게 설명해야 할지 난감하기 그지없습니다.

그런데 카르마 법칙에 따르면 모든 것에는 원인이 있습니다. 그렇다면 이 경우 당사자가 아무런 연고가 없는 것처럼 보이는 덴마크에 입양 간 데에는 어떤 원인이 있는 것일까요? 이 점은 바로 대답하기 어려울 것 같습니다. 그래서 이런 점 때문에 카르마 법칙을 확실하게 이해하는 일이 힘들다고 한 것입니다. 그러나 대답을 얻는 일이 불가능한 것은 아닐 것입니다. 당사자와 덴마크 부모의 전생을 다 조사해보면 인연을 찾을 수도 있기 때문입니다. 그러나 이런 일을 할 수 있는 사람이 어디 있겠습니까? 또 그렇게 찾아내 보아야 그것을 어떻게 믿을 수 있겠습니까? 이렇게 나온 결과는 검증하는 것이 불가능할 때가 많습니다. 그래서 우리는 카르마 법칙에 따라 한 사람의 이전 생을 조사할 때 매우 조심해야 합니다. 함부로 예단해서는 안 됩니다.

이번 장의 주제와 관련해서 꼭 말하고 싶은 것이 있습니다. 이렇게 우리 인간이 여러 역할을 바꾸면서 환생한다는 것을 받아들인다면 우리가 사회생활을 할 때 사람을 대하는 태도가 달라져야 한다는 것입니다. 이것이 무슨 말일까요? 우리가 자신의 자식을 포함해 어리거나 젊은 사람들을 대할 때 취하는 태도가 바뀌어야 한다는 것입니다. 특히 가정에서 자식들을 대할 때가 문제입니다. 자식이 어리니 아무것도 모를 것이라고 어림짐작으로 판단하면 안됩니다. 이 문제는 다른 장에서도 잠깐 다룬 적이 있지요?

이 주제를 집중적으로 파고든 사람은 캐럴 바우만(Carol Bowman)이라는 미국의 주부였습니다. 이 여성은 평범한 주부였기에 평소에 환생이니 카르마니 하는 주제에 대해서 아무 관심이 없었습니다. 그렇지 않겠습니까? 기독교적인 환경에서 자랐을 평범한 미국 여성이 이런 주제에 무슨 관심이 있었겠습니까? 그런데 우연한 기회에 역행 최면법을 알게 되어 그의 아들이 앓고 있던 만성 질환을 두 가지나

고치게 됩니다. 역행 최면을 해본 결과, 이번 생에 그의 아들이 겪고 있던 병은 그 아이가 바로 직전의 생에서 겪었던 일에서 비롯되었다는 것을 알게 되었습니다. 직전생에 그 아이는 미국의 남북전쟁 때 흑인 병사로 참전했다가 총을 맞고 죽었다고 하는데 그때의 경험이 이번 생으로 전이되어 병을 앓은 것입니다(어떤 질환인지는 번거로워 밝히지 않겠습니다). 그러나 이 역행 최면을 받고 전생을 재체험한 뒤 이 병은 깨끗이 낫게 됩니다.

그 뒤에 바우만은 이 방면에 대해 독학을 시작하게 됩니다. 절대로 고치지 못할 것 같았던 아들의 병이 치유되자 큰 감명을 받고 이 주제를 공부하기 시작한 겁니다. 그래서 그는 최면법도 배우고 관계 문헌도 섭렵합니다. 이때 그가 가장 중점적으로 본 책이 이안 스티븐슨의 책이었습니다. 특히 전생에서 사고 같은 것을 당해 죽으면 이번 생에 그에 대한 흔적이 몸에 남는다는 것을 다룬 책(『Reincarnation and Biology(환생과 생물학)』)을 주의 깊게 읽었습니다. 이렇게 공부한 그는 이제는 자신이 치유사가 되어 주변의 어린이들을 최면으로 고치게 됩니다. 그런 자신의 체험을 가지고 쓴 책이 바로 『Children's Past Lives(어린이의 전생)』라는 책인데 저는 이 책을 매우 감명 깊게 읽었습니다.

그는 이 책에서 두 가지 사실을 강조하고 있습니다. 우선 생각보다 많은 어린이가 전생에서 입은 상처로 고생하고 있다는 것입니다. 예를 들어보면, 그가 치유한 어떤 어린이는 제2차 세계대전 때 유대인 포로수용소에 갇혔다가 처절하게 죽임을 당한 전생을 갖고 있었습니다. 아마 그는 가스실에서 죽었을 텐데 그때 그가 겪었던 공포는 그대로 이번 생에 전달되어 항상 공포증(phobia)으로 괴로워했습니다. 바우만은 그런 아이를 최면으로 고쳐주었지요. 이 책에서 그는 자신이 고친 아이들의 사례를 모아 소개하고 있습니다.

바우만이 두 번째로 지적한 것은 앞에서 말한 대로 어린이들을 아무것도 모르는 '촛자(初者)' 인간으로 보지 말라는 것입니다. 이유는 간단하지요. 어떤 어린이든 수많은 전생을 살았기 때문입니다. 가령 앞에서 예로 든, 전생에 가스실에서 죽었던 어린이는 얼마나 큰 경험을 한 것입니까? 이 경험을 통해 그는 인간의 삶과 죽음에 대해 누구보다 더 깊은, 생생한 깨달음을 얻었을 것입니다. 또 인간의 악이 무엇인지에 대해서도 나름대로 터득했을 것입니다. 그런 깊은 깨달음은 그의 영혼에 저장되고 이번 생으로 전이되었을 겁니다. 그러면 그는 이번 생에서 인생에 대해 누구보다도 깊은 이해를 가지고 살아갈 수 있습니다. 그런 정보가 이 어린이의 무의식에 저장되어 있을 텐데 그런 그를 두고 세상사를 잘 모르는 인간으로 취급하면 안 되겠지요.

이것은 분명 경청할 만한 면이 많은 견해라고 하겠습니다. 이것은 또 어린이의 인권과도 관련되는 것으로 '왜 우리는 어린이를 한 인격체로 존중해야 하나?'라는 질문에 훌륭한 답이 될 것입니다. 보통은 '어린이도 인간이니 인간으로 대접해야 된다'라는 식의 다소 추상적인 생각으로 어린이를 존중해야 한다고 말하지만 이것은 설득력이 떨어집니다. 그 대신 카르마 법칙의 입장에 서서 모든 인간은 수많은 전생을 살아온 존재이기에 동등하게 대접해야 한다고 주장하는 것이 조금은 더 설득력이 있을 것 같습니다.

그러나 그렇다고 해서 '모든 인간이 똑같은 지혜와 깨달음을 갖고 있느냐'라고 묻는다면 그 질문에 대해서는 '아니다'라고 답할 수밖에 없습니다. 앞에서 '새파랗게 젊은 놈이..'라는 제목으로 된 장에서 언급했는데 그 장에서 저는 사람의 영적인 수준을 어린 영혼(young soul)과 오래된 혹은 성숙한 영혼(old soul)이라는 두 가지 사안으로 구별해서 설명했습니다. 사람은 영혼의 성숙도에 따라 크게 둘로 나눌 수 있다는 것이지요. 우선 어린 영혼들은 성숙하지 않아 이기적인 경향이 강하며 세상사에 함몰되어 헛되게 재물이나 명성, 권력을 쫓는 영혼을 말합니다. 이에 비해 오래된 영혼은 세속적인 욕망이 얼마나 허망한 것인가를 철저하게 깨닫고 오로지 자신의 영적인 성장을 위해 진력하는 그런 영혼을 말합니다.

이에 대해 여기서 다른 비유로 설명해보겠습니다. 그러면 여러분들이 더 빠르게 이해할 수 있을 겁니다. 어떤 미국인 수행자가 든 비유인데 매우 설득력이 있더군요. 그는 이 세상을 어뮤즈먼트 파크(amusement park), 즉 놀이동산에 비유하고 있습니다. 이 비유도 아주 재미있습니다. 그에 따르면 대부분의 사람들은 이 세상에 와서 흡사 놀이동산에 온 것처럼 여러 가지 놀이에 취해서 놀기만 한다는 겁니다. 실제로 용인에 있는 '에버랜드' 같은 데 가보면 놀 게 얼마나 많습니까? 종일 놀아도 다 놀지 못합니다. 그렇게 노는 데에 미쳐있어 나갈 생각을 안 하는 사람도 있을 것입니다. 그에 의하면 우리가 이런 인생을 살고 있다는 것이지요. 이 세상에서 가장 큰 놀이는 돈 버는 것입니다. 물론 권력이나 쾌락에 미치는 경우도 있지만 나이나 성별, 국적과 관계없이 우리 모두가 미쳐있는 것은 돈입니다. 사람들은 모두 이 돈 버는 것에 미쳐있어 지구 학교를 졸업하는 데에 관심이 없습니다. 이런 상태에 있는 게 바로 어린 영혼이지요.

이에 비해 성숙한 영혼들에 대해서는 반대로 생각하면 됩니다. 이들은 이런 놀이가 다 헛되다는 것을 알기 때문에 더 이상 이 동산에 있는 것을 거부합니다. 그래서 이런 성숙한 영혼들은 놀이동산을 나가려고 모두들 출구 쪽에 가 있습니다. 어서 집으로 돌아가려는 것이죠. 만일 이들이 출구로 나가서 성공적으로 놀이동산을 빠져나간다면 그는 지구 학교를 졸업하는 것이 됩니다. 여러분들은 어떤 영혼군에 속할는지 궁금하군요.

아무튼 제가 여기서 말하고 싶은 것은 어린 영혼이나 오래된 영혼은 육체적인 나이와 아무 관련이 없다는 것입니다. 육체적인 나이가 많아 노인인 사람도 어린 영혼에 속해 세상일의 덧없음을 모르는 사람이 있습니다. 이런 사람은 더 환생해서 경험을 더욱더 쌓아야 하겠지요. 그러나 육체적 나이가 얼마 안 되는 어린이가 오래된 영혼인 경우도 아주 많습니다. 이런 사람은 지구 학교를 졸업하기 위해 환생해야 할 회수가 앞에서 말한 어린 영혼보다 훨씬 적을 것입니다. 이런 사실을 염두에 둔다면 우리는 주위에 있는 사람들을 보는 눈을 완전히 다르게 해야 합니다. 나이나 성별, 혹은 지위나 직업으로 사람을 판단하는 것이 아니라 오로지 그가 지닌 지혜만 가지고 판단해야 할 것입니다.

잡편(The Miscellaneous)

이제 본론을 마치려고 하는데 아쉬움이 남습니다. 쓰려고 했던 주제가 남아 있는데 더 쓰지 못하니 말입니다. 쓰지 못하는 이유는 이 주제들로는 한 장을 채울 수 없을 것 같았기 때문입니다. 그래서 이 책을 마치기 전에 '잡편'이라는 제목으로 이 주제들을 모아서 간단하게 소개해볼까 합니다. 여기에도 재미있는 것들이 꽤 있습니다. 한번 가볍게 볼까요?

예수님이 인간의 죄를 대속했다고?

이것은 기독교 믿는 사람들에게는 아주 친숙한 교리입니다마는 교인이 아닌 사람은 생소한 주제일 것입니다. 이 교리에 관해서는 얼마든지 복잡하게 설명할 수 있지만 여기서는 아주 간단하게만 보겠습니다. 기독교에 따르면 인간은 태생적으로 죄인입니다. 인간이 어떤 특별한 죄를 저질렀기 때문에 죄인이라는 것이 아니라 인간이면 무조건 누구나 죄인이라는 것입니다. 보통 기독교에서는 에덴동산에 살았던 아담의 예에서 알 수 있는 것처럼 인간이 신에게 불복종해서 죄를 지었다고 말합니다. 이 죄에 대한 이야기는 너무 많고 복잡해서 예서 그치는 것이 낫겠다는 생각입니다. 이 지면이 기독교 교리를 소개하는 자리는 아니니까요.

어떻든 기독교에서는 이 죄를 벗는 것이 구원받는 것이라고 주장합니다. 그런데 문제는 인간에게는 그럴 수 있는 능력이 없다는 것입니다. 기독교 교리에 따르면 인간은 자신의 죄를 없앨 수 없습니다. 있는 힘을 다해 아무리 회개해도 인간은 자신의 죄에서 빠져나올수 없습니다. 인간의 죄를 사(赦)할 수 있는 능력을 갖춘 분은 그들이 구세주로 믿는 예수밖에 없습니다. 그런데 그는 잘 알려진 것처럼 십자가에서 죽임을 당했습니다. 이 사건을 두고 기독교인들은 예수가 인간들의 죄를 없애주려고 겪은 사건이라고 해석했습니다. 이처럼 예수가 십자가에서 이룬 공로 덕에 예수를 구세주로 고백한 사람들은 죄를 용서받게 됩니다. 이것이 그 유명한 대속론(代贖論)입니다. 이렇게 예수를 구주로 고백하고 죄를 용서받았기 때문에 기독교 신자들은 죽어서 천국 가서 영생을 누릴 수 있습니다. 모든 것이 충족되는 천국에 가서 영원토록 산다는 것이지요. 이게 그들이 말하는 구원입니다.

이것이 기독교 대속론의 대강인데 여기서는 이 교리가 맞는지 틀렸는지를 가릴 생각이 없습니다. 그것은 기독교 고유의 주장이라 그 해석을 두고 진위를 가릴 수 있는 것이 아니기 때문입니다. 기독교에서 그렇게 해석하고 이해했다면 그것으로 충분합니다. 제삼자가 무엇이라고 할 일이 아닙니다. 그러나 제가 이 교리에 대해 굳이 해석을 시도해본다면, 예수가 없앴다고 하는 죄는 인간이 선천적으로 가질 수밖에 없는 '기본 욕망'이라고 할 수 있습니다. 이 기본 욕망이 무엇일까요? 그것은 인간이 어쩔 수 없이 갖게 되는 이기적인 욕망이 아닐까 합니다. 이 욕망은 인간이 자신의 힘으로 극복하기 힘듭니다. 사정이 그러하니 기독교에서 이런 공동의 죄를 예수가 없애주었다고 주장하고 있는 것입니다.

이 같은 기독교의 교리를 받아들였다고 합시다. 그런데 예수도 어쩔 수 없는 것이 있습니다. 개인이 개별적으로 짓는 죄가 그것입니다. 단도직입적으로 말해 개인적으로 지은 카르마는 구세주인 예수도 어쩔 수 없다는 것입니다. 이것은 당연한 것 아니겠습니까? 각 개인이 욕심을 부려서 나쁜 짓을 하는 바람에 온갖 죄를 저질렀는데 그 죄를 예수가 대신 갚는다고 하면 말이 되겠습니까? 예수만 믿으면 그 같은 죄가 없어진다는 것은 어불성설입니다. 각 개인이 저지른 죄는 개인이 감당해야 합니다. 또 필요할 때는 처벌도 받아야 합니다. 카르마 법칙은 개인이 죄를 지으면 그게 맞게 응징이나 과보를 주어 그의 언행을 교정할 수 있도록 도와준다고 했습니다. 개인의 악행은 예수의 대속과는 아무 관계가 없습니다. 자신이 지은 악행에 대해서는 어떤 형태로든 적절한 과보를 받아야 합니다. 누누이 말했지만 카르마 법칙은 매우 엄중합니다. 어떤 예외도 없습니다. 다른 사람을 크게 괴롭혀놓고 예수에게 죄를 없애달라고 빌어봐야 카르마 법칙의 세계에서는 안 통합니다.

그러나 그렇다고 해서 예수님이 아무 일도 하지 않는다는 것은 아닙니다. 죄를 지은 당사자가 진정으로 참회하고 고치겠다는 기도를 한다면 예수님이 어떤 형태로든 도와줄 수 있을 것입니다. 이때 중요한 것은 기도를 제대로 해야 하는 것입니다. 무조건 죄를 용서해 달라고 비는 것이 아니라 자기의 잘못을 진정으로 뉘우치고 자기가 괴롭힌 상대방에게 어떻게 용서를 빌지에 대해 밝혀야 합니다. 달리 말해서 자신의 죄에서 진정으로 벗어나는 길이 무엇인지 알려달라고 기도하라는 것입니다. 당사자가 그렇게 기도하면 분명히 신이나 예수님으로부터 응답이 올 겁니다. 응답을 받으면 그 가르침대로 행동하면 됩니다. 이렇게 하면 아마 당사자는 훨씬 더 자연적인 방법으로 그 죄에서 벗어날 수 있을 것입니다. 비록 카르마 법칙이 엄중합니다마는 여러분은 혼자가 아닙니다. 간절하고 도움을 청하면 어디서든, 누가 됐든 여러분들을 돕는 존재가 나타납니다.

인간은 죽음을 향해 가는 존재다.

이 말은 20세기 최고의 서양 철학자 가운데 한 사람인 마르틴 하이데거(1889~1976)가 했다고 전해지는 명언입니다. 명언이라고는 하지만 너무나 뻔한 말이라 진짜 대 철학자가 한 말인지 의심이 들 정도입니다. 물론 그가 이렇게 일반적인 말만 한 것은 아닙니다. 그는 죽음이라는 명제를 놓고 다양한 설을 제기했습니다. 예를 들어 인간은 죽음이 앞에 있어 불안을 느끼고 유한성을 자각한다는 것이나 이로써 실존을 자각한다는 등의 주장이 그런 것입니다.

그의 철학은 어렵기로 소문이 나 있습니다. 저는 대학원 시절 이 사람 철학을 이해해보겠다고 그의 사상에 관한 책을 읽다가 2권 만에 포기했습니다. 동양 사상에 경도되어 있는 제 머리로는 그의 철학이 도저히 해독이 안 되더군요. 특히 그의 대표작이라고 하는 『Being and Time(존재와 시간)』은 너무 어려워서 처음부터 무슨 이야기를 하는 것인지 갈피를 잡지 못했습니다. 그의 철학에서 가장 중요한 개념은 현존재(다자인, Dasein)라는 것인데 이 개념부터 이해가 잘 안 되니 더 이상 진도를 나아갈 수 없었습니다.

이 개념과 더불어 가장 많이 알려진 그의 명언은 'why is there something rather than nothing at all?'라는 것입니다. 직역하면 '왜 아무것도 없지 않고 (어떤 것이) 있는 것인가'라고 할 수 있는데 이 문구는 그의 저서인 『형이상학입문』의 첫 장에 나옵니다. 이것은 '왜 세상이 존재하는가'에 대한 가장 철학적인 질문이라고 할 수 있습니다. 세상의 의미에 대해서 묻는 것이지요. 저는 이 질문만 기억나고 그의 대답은 기억이 잘 안 납니다. 그때에도 제대로 이해하지 못해서 지금도 기억하지 못하는 것 같습니다. 여기서 이 같은 철학적인 논의를 할 생각은 없습니다. 그런 것은 철학자들에게 맡기면 됩니다.

'인간은 죽음을 향해 가는 존재'라는 그의 주장은 서양적인 배경에서 나왔다고 할 수 있습니다. 물론 동양의 사상이나 종교에서도 인간은 죽음 앞에서 불안감을 느낀다는 주장이 있기는 합니다. 이 대목에서 불교에서 말하는 '사형수의 비유'가 생각나는군요. 일찍이 붓다는 인간의 실존적인 상황을 코끼리에 의해 죽임을 당하는 사형수에 비유했습니다. 여기서 사형수는 반드시 죽는 존재를 지칭하고 있습니다. 그런 면에서 인간은 모두 사형수라고 할 수 있습니다. 인간은 반드시 죽게 되니까요. 이 비유는 여기서 끝나지 않고 아주 멋진 장면을 만들어 우리에게 선사하고 있습니다.

이 이야기는 이렇게 진행됩니다. 곧 죽게 될 운명에 처한 사형수는 마침 도망칠 수 있는 기회를 얻어 '걸음아 날 살려라'라고 하면서 줄행랑을 쳤습니다. 그러자 코끼리는 그 죄수를 죽이려고 부지런히 따라갑니다. 이것은 죽음이 인간을 계속해서 따라오고 있는 현실을 묘사하고 있는 것으로 보입니다. 그렇지 않습니까? 우리는 분명히 죽기 때문에 죽음이 따라오는 것처럼 느낄 수 있습니다. 그러다 이 죄수는 우물을 발견합니다. 이때 죄수는 저 우물 안으로 들어가면 코끼리를 피할 수 있겠다고 생각했는데 마침 우물 옆에는 나무가 하나 있었습니다. 그리고 그 나무에서는 가지가 하나 우물 안으로 드리워져 있었습니다. 천우신조라고 생각한 사형수는 그 가지를 타고 우물 안으로 들어갔습니다. 그렇게 함으로써 그는 일단 코끼리의 추적을 피했습니다. 그다음에 여러 묘사가 나오는데 모두 생략하고 마지막 장면만 말해볼까 합니다. 그 우물 안에는 뱀, 악어 등 맹수들이 있어 사형수를 해치려고 하고 있습니다. 그런데 마침 위를 보니 이번에는 쥐 두 마리가 가지를 갉아 먹고 있습니다. 쥐가 가지를 다 갉으면 그는 바닥으로 떨어질 것입니다. 이것이 절체절명의 위기가 아니면 무엇이 절체절명의 위기이겠습니까?

그런데 그때 나뭇가지에 걸려 있는 벌통에서 꿀이 한 방울씩 떨어져 사형수의 입속으로 들어갑니다. 그러자 이 죄수는 그 꿀맛에 취해 자신이 얼마나 위험한 상황에 있는지 잊어버리고 맙니다. 붓다는 우리 중생이 이런 상태에 있다고 말합니다. 우리가 매우 위험한 현실에 살고 있는데 돈이나 욕망, 권력 같은 단물에 현혹되어 자신의 상황을 잊고 산다는 것이지요. 이에 대한 자세한 설명은 생략하고 우리의 주제로 돌아오면, 이 이야기에서 쫓아오는 코끼리는 앞에서 말한 것처럼 시시각각으로 다가오는 죽음을 의미합니다. 인간은 그 죽음의 공포를 피하려고 우물 안에 들어간 것이지요.

여기까지는 동서양 설이 비슷합니다. 그러나 동양 사상에는 그것이 인도 사상이든 중국 사상이든 인간의 유한성 같은 개념은 없습니다. 동양 사상에서는 인간이 깨닫는 존재가 되거나 자연과 하나 되는 성인(聖人)과 같은 고귀한 존재가 될 수 있다고 가르칩니다. 인도에서는 여기서 한 걸음 더 나아가 이 같은 깨달은 존재가 되기 위해 인간은 무수한 생을 거듭해 태어난다고 주장했습니다. 그래서 인도 사상을 따른다면 우리 인간은 생애마다 깨달음을 얻기 위해 무엇을 어떻게 해야 할지를 알아보고 그것을 실천에 옮겨야 합니다. 그러려면 나는 이번 생의 카르마가 무엇이고, 어떻게 해야 내가 지니고 태어난 카르마의 과제를 풀고 참다운 지혜를 얻을 수 있는지를 궁구해야 합니다.

동양 사상에서도 앞에서 본 것처럼 인간은 죽음을 향해 가는 존재입니다. 여기까지는 서양 사상과 다를 바가 없는데 그다음이 다릅니다. 이렇게 죽음을 향해 가니 우리 인간은 이번 생에 할 일을 제대로 했는지를 알아내는 일이 가장 시급한 일이라고 할 수 있습니다. 여기에는 인간은 유한한 존재라느니 하는 개념은 없습니다. 또 죽음에 대해 불안감도 느끼지 않습니다. 동양사람들은 왜 이렇게 생각할까요? 우리는 이번 생을 마치면 잠시 쉰 다음에 다시 새로운 생을 시작하니 내 존재가 없어진다는 불안감이 있을 수 없습니다. 그보다는 어떻게 해야 이 사바세계를 떠날 수 있을지, 즉 어떻게 해야 지구 학교를 졸업할 수 있을지에 관해서만 걱정할 뿐입니다.

그런 시각에서 보면 인간은 '죽음을 향해 가는 존재'가 아니라 '(깨칠 때까지) 환생을 거듭하는 존재'라고 규정해야 하는 것 아닌지 모르겠습니다. 이런 생각을 받아들인다면 인간관이 확 달라지고 지금 여기서 사는 삶이 크게 변화될 수 있습니다. 단생이 아니라 다생을 인정하는 삶을 생각해보아야 한다는 것이지요. 그러나 노파심에서 한 말씀 더 하면 이런 생각은 유교를 신봉하는 중국인이나 한국인에게는 해당되지 않습니다. 유교에서는 단생만 인정하기 때문입니다.

버킷리스트, 죽기 전에 꼭 하고 싶은 것들

이 제목은 2017년 같은 타이틀로 나온 미국 영화 때문에 친숙한 분들이 꽤 있을 겁니다. 언제부터인지 모르는데 사람들이 이 '버킷리스트'라는 것에 관심을 갖기 시작했습니다. 살면서 자신이 꼭 하고 싶었던 일인데 이러저러한 이유로 미루어왔던 것들을 죽기 전에 한번 해보고 생을 마치자는 의미에서 이 리스트에 대한 관심이 시작됐던 것 같습니다.

이렇게 생각하고 그에 따라 행동하는 것은 다 좋습니다. 이 영화에서도 주인공들이 여러 가지 일을 실제로 하더군요. 예를 들어 세렝게티에서 사냥하기, 문신하기, 스카이다이빙 등 평소에 해보지 못했던 것들 말입니다. 그러나 그 가운데 가장 좋게 보였던 것은 평생 어

그려져 있었던 딸과 화해하는 것이었습니다. 이 사건이 중요한 것은, 우리가 임종을 준비할 때 척을 지은 인간관계를 반드시 해결해야 하기 때문입니다. 쉽게 말해 인간관계에서 원이나 한이 쌓인 일이 있다면 그것을 꼭 풀고 가라는 것입니다. 그래야 영혼이 다음 세상에서 편안할 수 있기 때문입니다. 카르마 법칙의 관점에서 볼 때도 이 문제는 꼭 해결해야 합니다. 여러분들도 그 이유를 아시겠지요? 이번 생에 어떤 사람과 부정적인 관계를 만들어 놓고 그것을 해결하지 않고 그냥 생을 마치면 내생 언젠가 그 사람을 다시 만나 그 문제를 풀어야 하기 때문입니다.

이처럼 이 영화는 대체로 무난하게 진행되어 제 뇌리에는 좋은 영화로 남아 있습니다. 그러나 조금 아쉬운 것이 있습니다. 그것은 이 주인공들이 버킷리스트에 사후세계나 카르마 법칙에 관해서 공부하겠다는 항목을 넣지 않은 것입니다. 우리들은 평소에 바쁘다는 핑계를 대면서 이 주제에 대해 공부하지 않습니다. 아니면 주제가 황당하다는 구실을 대면서 이 같은 주제에 대해서 관심을 갖지 않았습니다. 그러나 죽음을 몇 달 남기지 않은 지금은 상황이 다릅니다. 이제 몇 달 뒤면 나는 이 물질계인 사바세계를 등지고 영적인 세계로 갑니다. 만일 이 사실을 수용한다면, 아니 수용하지 않더라도 이 영적인 세계에 대해 알아보는 것은 매우 긴요한 일입니다. 이유는 간단합니다. 내가 곧 가게 될 세계이니까요. 새로운 여행지로 가야 하는데 그 여행지에 대해 알아보는 작업은 필요한 것 아닙니까? 그런데 이 주인공들은 무슨 일만 했습니까? 곧 떠날 이 세상에서 그동안 못했던 일만 하지 않았습니까? 곧 가게 될 저 세상에 대해서는 전혀 준비하지 않고 이 세상적인 것만 즐기는 일을 했으니 아쉽다는 것입니다. 죽기 몇 달 전에 그런 일 하는 것은 그다지 의미 없습니다. 내가 몇 달 뒤면 이 세상에 없는데 지금 낙하산 타고 공중에서 떨어지는 일이 무슨 의미가 있겠습니까?

그래서 소망하건대 앞으로 여러분들이 만일 버킷리스트를 만들 양이면 꼭 사후세계와 카르마 법칙을 공부하겠다는 조항을 넣었으면 합니다. 그때 그 공부를 시작해도 늦지 않을 뿐만 아니라 외려 공부가 더 잘 될 겁니다. 내가 곧 가게 될 세계에 대해 공부하는 것이니 얼마나 절실하겠습니까? 여러분들이 앞으로 자신의 삶을 정리하는 시간이 닥쳐왔을 때 이 점을 참고하면 좋겠습니다.

그런데 제가 겪은 현실은 그렇지 않았습니다. 수년 전에 기회가 있어 노인대학이라는 데에 가서 열댓 번 강의한 적이 있었습니다. 강의하기 전에는 '이들이 노인이니 죽음에 대해 관심이 많이 있을 것'이라고 예상했는데 그 예상이 틀렸다는 것을 발견하는 데는 그다지 오랜 시간이 걸리지 않았습니다. 그들은 죽음 같은 무거운 주제보다 댄스를 배우고 예쁜 여자 강사의 구령에 맞추어 에어로빅하는 것을 훨씬 더 좋아했습니다. 사람들은 죽음학 강의가 요양원이나 양로원 같은 데에서 인기가 있을 것으로 생각하는데 현실은 정반대였습니다. 아마 나이 든 분들은 죽음이 시시각각 가까이 오니 더 피하고 싶어 죽음 쪽에는 문을 닫고 사는 것 같습니다. 이렇게 하지 않으려면 어떻게 해야 하나요?

답은 간단합니다. 젊었을 때부터 죽음 문제에 관심을 두고 공부하고 준비해야 합니다. 젊었을 때는 이런 주제에 아무 관심도 없다가 늘어서 갑자기 죽음을 공부하는 것은 쉬운 일이 아닙니다. 그래서 소태산은 우리가 40줄에 들어서면, 즉 40대가 되면 그때부터는 죽음에 관심을 두고 준비해야 한다고 말하고 있습니다. 그런데 주위를 보면 부모의 참담한 죽음을 보고도 죽음에 대해 관심을 갖지 않는 젊은이들이 많아 안타깝습니다. 그들은 장례를 지낼 때만 잠깐 슬퍼하고 장사가 끝나면 곧 잊어버리더군요. 여러분들은 이런 우를 범하지 말고 미리미리 죽음을 준비하시기 바랍니다. 그게 이번 생을 잘 마무리할 수 있는 최고의 방안입니다.

책을 마치며

지금까지 우리는 카르마 법칙의 관점에서 볼 때 우리가 일상적으로 쓰는 표현들이 어떤 문제를 갖고 있는지에 대해 살펴보았습니다. 일상적인 표현은 대부분 한 생만 인정하는 세계관에 따라 만들어졌기 때문에 카르마 법칙처럼 다생을 인정한다면 고쳐야 할 것들이 꽤 있었습니다. 카르마 법칙은 다생을 인정할 뿐만 아니라 모든 생에는 당사자의 윤리 생활을 통제하는 카르마 법칙이 도도하게 흐르고 있다고 주장합니다. 그런 입장에서 볼 때 우리가 일상적으로 생각하는 것은 틀린 경우가 많았던 것을 알 수 있었습니다. 그런 예와 더불어 이 책의 마지막 부분에는 작은 이야기들만 다루는 잡편을 두었습니다. 이 잡편에는 더 많은 주제들이 있었는데 주제들이 다소 중복되는 것 같아 간단하게만 다루었습니다. 저는 이 주제들을 더 발전시키고 개수를 늘려 그것으로 다음 책을 쓰려고 하는데 실현이 될지는 더 기다려봐야 하겠군요.

제가 마지막으로 말하고 싶은 것은 이 카르마 법칙이 불교 같은 지혜의 전통에서 차지하는 위상에 대한 것입니다. 단도직입적으로 말하면 카르마 법칙은 위상으로만 따지면 전체 가르침에서 기초적인 단계에 속한다고 할 수 있습니다. 기초적인 가르침이라고는 하지만 매우 중요한 가르침입니다. 우리가 지혜의 전통 안으로 들어와 이른바 '도'의 길을 가기로 했다면 누구도 이 카르마 법칙의 세계를 건너뛸 수 없습니다. 반드시 이 법칙을 통달하고 이에 따라 사는 것을 의무화해야 합니다. 그래서 가장 기초적인 가르침이라고 한 것입니다.

앞서 말했듯이 카르마 법칙은 윤리에 관한 것으로 우리가 지혜를 닦을 때 윤리적인 삶이 토대가 되지 않으면 더 높은 지혜의 세계로 나아갈 수 없습니다. 쉽게 말해서 윤리적으로 올바르지 못하면 지혜의 높은 단계로 가지 못한다는 말씀입니다. 다른 분야는 다릅니다. 윤리적으로 나쁜 사람도 얼마든지 탁월한 정치인이 될 수 있고 엄청난 부자가 될 수 있습니다. 그러나 지혜의 전통에서는 이게 안 통합니다. 지혜가 높은 사람은 무조건 윤리적으로 선해야 합니다. 물론 윤리적으로 타락한 사람도 종교 조직 안에서 높은 지위를 누릴 수 있습니다. 그러나 그런 사람은 결코 높은 지혜를 얻을 수 없습니다. 마음에 사(邪)가 끼어서 깨끗함을 유지하지 못하기 때문입니다. 마음이 흙탕물처럼 혼탁하기 때문에 깨끗한 내면을 볼 수 없습니다. 그러니 높은 지혜를 가질 수 없습니다.

모든 종교 전통, 수련 전통에서는 이렇게 윤리적인 삶을 사는 것이 일차적으로 요구됩니다. 그것도 외부에서 강요된 윤리가 아니라 내면에서 우러나오는 윤리이어야 합니다. 남들이 보니까, 교단에서 요구하니까, 스승이 명하니까 착하게 살아야 하는 것이 아니라 '선하게 살아야 하니까 선하게' 살아야 합니다. 이런 사람들은 나쁜 짓을 하고 싶어도 절대로 못 합니다. 남들이 전혀 눈치채지 못하고 법에 걸리지 않더라도 나쁜 짓 할 생각을 하지 않습니다. 그의 내면에는 이 같은 내재화된 윤리가 있어 그렇게 할 수밖에 없는 것이지요.

카르마 법칙을 아는 것이 기본적인 단계라면 그다음에는 무엇이 있을까요? 이것을 불교에서는 삼학(三學)이라는 용어로 아주 잘 정리하고 있습니다. 삼학은 계정혜(戒定慧)이지요? 여기서 '계'는 바로 윤리적인 삶을 살게 해주는 법칙입니다. 그런 면에서 카르마 법칙과 통한다고 할 수 있습니다. 불교에서도 이렇게 계율로 시작하고 있습니다. 그다음에 나오는 '정'은 명상 수련을 이야기한다고 볼 수 있습니다. 이 수련은 '계'와 '혜'를 다리 놓아주는 것이라고 할 수 있습니다.

윤리적인 삶이 어느 정도 완성되면 우리는 지혜를 얻기 위해 명상 수련을 해야 합니다. 앞에서 말한 것처럼 윤리적인 삶이 지혜를 가져다주지는 않습니다. 우리는 '정' 즉, 정신을 집중하고 마음을 가라앉히기 위해 명상 수련을 해야 합니다. 명상을 해야 평상시의 의식으로는 보이지 않는, 알 수 없는 지혜의 문이 열립니다. 그 외는 다른 방법이 없습니다. 정신의 '성성'한 능력으로 '적적'한 상태를 만들어야 우리 마음속 깊이 들어 있는 지혜를 만날 수 있습니다. 평상시의 의식은 산란해 결코 그 단계까지 갈 수 없습니다.

이런 과정을 거쳐 지혜를 얻어야 인간은 진정한 구원을 얻게 됩니다. 또 카르마 법칙의 표현으로 해서 이 지구 학교도 졸업할 수 있게 됩니다. 이 지혜를 얻어야 자신과 우주의 참된 실상을 알게 됩니다. 그러면 모든 문제에 대한 답도 알게 됩니다. 이것이 바로 깨달음입니다. 이 지면은 깨달음에 대해 언급하는 곳이 아니니 예서 그치겠습니다마는 여기서 중요한 것은 인간의 구원(久遠)의 목표인 깨달음은 바로 이 계, 즉 카르마 법칙의 이해로부터 시작된다는 것입니다. 우리는 이 카르마 법칙에 대해 확실히 알아야 그다음 단계로 갈 수 있으니 부디 이 법칙에 대해 시간을 아끼지 말고 공부하셨으면 하는 바람으로 이 책을 끝마칩니다.

지은이 | 최준식

펴낸이 | 최병식

펴낸날 | 2024년 5월 15일

펴낸곳 | 주류성출판사

주소 | 서울특별시 서초구 강남대로 435 주류성빌딩 15층

전화 | 02-3481-1024(대표전화)   팩스 | 02-3482-0656

홈페이지 | www.juluesung.co.kr

값 19,000원

ISBN 978-89-6246-531-0 03200